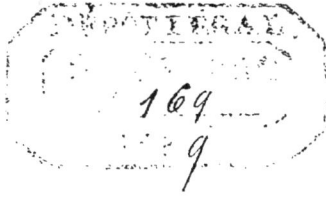

UNE SAISON D'ÉTÉ

A BIARRITZ.

UNE

SAISON D'ÉTÉ

A BIARRITZ.

BIARRITZ AUTREFOIS. --- BIARRITZ AUJOURD'HUI.

Tableaux historiques et descriptifs. — Anecdotes. — Séjour
de la Cour Impériale, etc.

PAR

UN HABITUÉ

DES BAINS DE MER DE BIARRITZ.

BAYONNE,
IMPRIMERIE DE VEUVE LAMAIGNÈRE, ÉDITEUR,
Rue Pont-Mayou, 39.

1859.

L'AUTEUR

AU LECTEUR.

———◦◇◦———

Biarritz, qui possède tant de choses, manquait d'une chose, à mon avis, essentielle. Il
n'avait point son livre, un livre qui lui fût
exclusivement consacré et qui ne s'occupât que
de lui ; et des amis me disaient : « Faites-nous
donc le livre de Biarritz. »

Ce livre, le voici.

Il a été écrit sans prétention et avec conscience.

Petit et humble, il a du moins une qualité que
je me plais à proclamer hautement, malgré la
réserve d'appréciations qui m'est naturellement
imposée à l'endroit de mon livre.

Il dit toujours la vérité.

J'ai interrogé la tradition écrite des chroniques et la tradition vivante des anciens du village. J'ai parcouru de nouveau, pour les mieux
décrire, ces lieux par moi tant de fois parcou-
rus. J'ai fait appel à mes souvenirs, aux souvenirs de mes amis.

On le voit, j'ai pris toutes mes précautions pour être bien renseigné.

D'autres avant moi ont traité le même sujet. Mais le plan général de leurs œuvres ne leur a permis de consacrer à Biarritz que quelques fragments ou quelques chapitres. Il y avait plus à faire, et Biarritz aura désormais son volume spécial, dans les feuillets duquel il règnera en seigneur et maître.

Quelques-uns s'étonneront peut-être de voir que, parlant avec tant de détail, dans mon livre, de Biarritz et des nombreux priviléges que lui ont si largement accordés l'art et la nature, je n'ai dit que quelques mots à peine de l'influence médicatrice des bains de mer. Cela s'explique pourtant. Si j'eusse agi différemment, mon livre eût trop ressemblé à un *Manuel de santé;* et je ne voulais composer qu'un *Manuel de distraction* à l'usage des baigneurs.

L'étranger qui s'arrête quelques jours dans des lieux inconnus de lui, tient à faire au plus tôt connaissance avec eux. J'ai voulu faciliter au visiteur de nos plages le moyen de faire avec Biarritz prompte et bonne connaissance.

Dans toutes les stations thermales, si animées qu'elles soient, il est rare que l'ennui n'assombrisse point, fois ou autre, la gaîté du baigneur. A ces tristes heures, si la lecture

de mon pauvre petit livre peut prévenir un bâli
lement et provoquer un sourire, je m'estimerai
toujours heureux de l'avoir écrit.

En un mot, j'ai mis tous mes soins à ce que
mon livre fût agréable, afin qu'il fût en même
temps utile ; car la distraction est le meilleur
auxiliaire de la santé.

Aurai-je réussi ?

UNE SAISON D'ÉTÉ A BIARRITZ.

CHAPITRE Ier.

Bayonne à vol d'oiseau. — Quelques mots sur son origine. — La Cathédrale Notre-Dame. — Autres monuments de la ville. — Physionomie de Bayonne. — Les Allées-Marines et autres lieux de promenades. — Martyre de Saint Léon. — Encore quelques descriptions. — Légende du chevalier Gaston de Belzunce. — Quelques mots dans lesquels on appréciera l'impartialité du chroniqueur. — Départ pour Biarritz.

C'est à Bayonne que viennent nécessairement aboutir toutes les voies qui, des quatre côtés du ciel, doivent conduire à Biarritz les promeneurs ou les impotents. D'où que vous veniez, quelque hâte que vous ayiez d'atteindre enfin les plages riantes que vous êtes venu chercher de bien loin peut-être, il faut vous résigner pourtant à passer au moins quelques instants à Bayonne. Rassurez-vous, le sacrifice

1

ne sera pas très-pénible, et bientôt, j'en suis certain, il ne vous tardera pas trop de repartir.

C'est que Bayonne est une fraîche et délicieuse ville, et qu'elle a peu de sœurs en province qui puissent rivaliser d'agréments avec elle. Aussi ai-je pensé qu'avant de franchir avec vous la route qui nous sépare encore de Biarritz, vous me sauriez gré de vous servir, dans ce premier chapitre, de cicerone officieux à travers les places et les promenades de la jolie cité. Ouvrez donc vos yeux et vos oreilles, car je suis tout à votre service, et je vous prédis que vous partirez tout à l'heure enchanté de ce que vous aurez vu et entendu dans la petite excursion que nous allons entreprendre.

Quand on entre à Bayonne par la porte du Nord, on est ébloui par le magnifique spectacle qui se déroule successivement devant les yeux. Ces deux beaux ponts de pierre, jetés sur deux grandes rivières et d'où l'on jouit de la plus ravissante perspective; ce paysage lointain que les eaux limpides de l'Adour et de la Nive baignent avec amour; cet imposant édifice assis sur la place splendide qu'habitent les plus somptueuses maisons de la ville; tout cela saisit l'âme, et donne au premier aspect une large idée de la cité bayonnaise. Idée parfaitement justifiée du reste par la réalité; car Bayonne n'est pas seulement une jolie ville, c'est une grande et belle ville aussi. Ville de près de 30,000 âmes vraiment, et que les deux rivières que je viens de nommer partagent en trois quartiers importants : le Grand-Bayonne, le Petit-Bayonne et le quartier Saint-Esprit.

Certes, Bayonne n'a pas été toujours aussi importante ni aussi belle. Et si vous vouliez bien me le permettre, je ferais volontiers en ce moment un petit saut de plusieurs siècles en arrière pour m'asseoir quelques instants auprès de son berceau. Soyez sans crainte, je ne m'égarerai point trop longtemps à travers ces vieux souvenirs du temps passé.

Il faut pourtant que je fasse l'aveu de mon impuissance à préciser l'époque de la fondation de Bayonne, dont l'origine remonte néanmoins à une incontestable antiquité. Cependant il est permis de conjecturer que cette ville dut être fondée, vers le IIIe siècle, par les Romains qui, maîtres dès cette époque de toutes les côtes de l'Aquitaine, avaient songé sans doute à choisir et à fortifier une position qui pût protéger l'exportation des produits intérieurs de la Novempopulanie. La nouvelle cité romaine s'éleva donc bientôt dans un lieu admirablement placé par la nature au pied des Pyrénées et au bord de deux rivières. Tel fut probablement le berceau de l'antique *Lapurdum*, nom donné par les Romains à la ville nouvelle. Ce nom, dit un auteur, paraît être une dérivation du mot *Lapurdi*, par lequel les Basques de nos jours désignent encore le pays de Labourd, dont cette ville fut autrefois la capitale. Elle ne changea de nom que plusieurs siècles après, et fut dès lors nommée *Bayonne*. Des étymologistes accrédités croient que ce nom vient du mot basque *Baïona*, qui signifie bonne rivière; et je me range volontiers de leur avis. Si Bayonne n'a pas été fondée par les Romains, du moins elle a été fortifiée par eux, car elle conserve encore quelques pans de muraille ainsi que quelques faibles portions de murs d'enceinte, construits jadis par les conquérants des Gaules.

Qu'il y a loin de nos jours à ceux où les maisons

et les cabanes de bois et de chaume de Lapurdum,
assises sur le plateau incliné qui porte aujourd'hui le
Grand-Bayonne, ne couvraient dans tout leur développement qu'un espace d'environ 600 toises! Aujourd'hui Bayonne a considérablement élargi le cercle de ses murailles; des maisons, souvent belles,
presque toujours d'un agréable aspect, ont remplacé
les modestes habitations d'autrefois; aux tristes marécages qui s'étendaient sur les bords des deux rivières, ont succédé des quartiers populeux et florissants, des places magnifiques, des monuments remarquables, de délicieuses promenades.

Oui vraiment, cela est ainsi, et Bayonne possède
toutes ces belles et gracieuses choses. En attendez-
vous la preuve? Commençons, si vous le voulez
bien, par une visite rapide aux monuments de la
ville, et suivez-moi jusqu'à l'église Notre-Dame, le
roi des monuments que Bayonne renferme dans son
sein. Je n'entrerai point dans le détail des précieux
caractères architectoniques de ce splendide édifice,
qui remonte aux plus belles époques de l'art chrétien. Vous me permettrez néanmoins de vous signaler cette double rangée de piliers majestueux qui,
partageant la cathédrale en trois nefs, sont taillés
en colonnettes légères dont une partie s'élève audacieusement jusqu'à la voûte, pour y former ces
arêtes hardies que l'œil étonné contemple avec admiration! Et cette galerie aérienne qui, percée d'arcades
ogivales, promène ses colonnettes et ses trèfles autour
du chœur et de la nef principale! Et ce riche sanctuaire, prélude magnifique à de magnifiques travaux,
avec son pavé de marbre, sa ravissante mosaïque,
son autel étincelant de dorures sous le ravissant cibo-

rium où l'art a épuisé toutes ses merveilles; sanctuaire de création récente, et le plus beau sans doute entre tous ceux des églises de France !

Vous le voyez bien, Bayonne a justement droit d'être fière de sa cathédrale gothique.

Cette construction massive, flanquée de quatre tours, qui s'élève non loin du monument religieux, c'est le *Château-Vieux*, dont la fondation est attribuée à Guillaume-Raymond de Sault, dernier vicomte de Bayonne, qui mourut vers la fin du XIIe siècle. Dans l'origine, les Romains avaient bâti un petit fort sur le même emplacement. Le Château-Vieux sert de logement à une partie de l'état-major de la place, et contient le dépôt des archives de la guerre.

En face, sur la rive opposée de l'Adour, c'est la Citadelle de Bayonne, assise sur un mamelon élevé d'où elle domine la rade et la ville. Construite d'après les plans du maréchal de Vauban, elle fit partie du système général de défense adopté vers la fin du XVIIe siècle pour la ville, système qui a reçu depuis des améliorations considérables. Si vous voulez jouir du plus magique spectacle, gravissez la rampe qui mène à la citadelle, et quand vous serez parvenus sur l'un des bastions, regardez autour de vous ; et vous verrez bientôt la mer, les dunes, les pignadars, les versants des Pyrénées, les riants villages du Pays Basque et les coteaux voisins marier leurs couleurs et leurs formes dans le plus admirable panorama.

Je vous signalerai encore ce vaste bâtiment qui s'est élevé depuis quelques années sur la nouvelle Place d'Armes, et qui contient à la fois la Sous-Préfecture, la Mairie, la Douane et le Théâtre ; puis, de l'autre côté de la Nive, et au sein du Petit-Bayonne, l'Arsenal militaire avec sa belle salle d'armes et son formidable dépôt d'engins de guerre; l'Hôpital Militaire, qui peut contenir de 1,000 à 1,200 lits et dont les proportions grandioses et la distribution intérieure font sans contredit de cet établissement monumental un des plus beaux hôpitaux militaires de France; le *Château-Neuf*, terminé à la fin du xve siècle et qui sert de logement à une partie de la garnison; enfin la nouvelle église Saint-André, dont la construction s'achève et dotera bientôt le Petit-Bayonne d'un monument gothique du style le plus pur.

Pour aboutir à tous ces divers édifices, nous avons dû traverser bien des rues, coudoyer beaucoup de monde, assister en passant au spectacle d'une animation qui ne doit pas vous être familière. C'est qu'en effet il est bien peu de villes de province dont la physionomie soit aussi animée que celle de Bayonne; et peu d'entr'elles rappellent aussi bien au voyageur, dans une proportion que je ne veux pas cependant exagérer, le mouvement et la vie de la grande cité parisienne. Vous avez entendu parler autour de vous une foule de langues et je ne sais combien de patois divers; le français, le basque, l'espagnol, l'anglais, le bas-breton, le gascon, le béarnais se sont croisés à la fois à vos oreilles étourdies. C'est que Bayonne est une ville où l'importance commerciale qui a fait jusqu'ici sa fortune a laissé des traces respectables encore, malgré le ralentissement déplorable que les affaires du grand commerce ont subi depuis ces dernières années; et que ses transactions avec le pays environnant conservent une activité qui explique ce besoin de circulation et de travail, si remarquable dans la population bayonnaise. (1)

Je serais vraiment bien tenté de vous conduire en ce moment vers les marchés de la ville, et de vous montrer avec un orgueil légitime assurément, les richesses culinaires que la plaine et la montagne, l'eau de mer et l'eau douce prodiguent à l'envi à ses fortunés habitants. Mais l'heure s'avance, et je n'ai plus que le temps de parcourir quelques instants avec vous les promenades riantes qui forment à Bayonne une si gracieuse ceinture.

A tout seigneur tout honneur. C'est en vertu de ce principe incontesté que nos premières attentions seront pour les *Allées-Marines* l'une des plus belles promenades de France. Cette magnifique chaussée, conquise lentement sur des terrains bourbeux que détrempaient les hautes eaux de l'Adour, et à laquelle des ombrages frais et touffus avaient mérité depuis le nom de *bosquet*, sous lequel elle était autrefois désignée, offre, le long du fleuve, un développement d'environ 1,500 mètres, et s'étend, grâce à des plantations nouvelles et qui donnent beaucoup d'espérances, jusqu'aux dunes sablonneuses des pignadars.

---

(1) Grâce à l'auguste initiative de S. M. l'Empereur, des travaux d'une haute importance sont actuellement en cours d'exécution à l'entrée du port de Bayonne. Ces travaux sont destinés à permettre l'accès du port aux navires que leur fort tonnage en tenait éloignés jusqu'ici, à faciliter le passage du goulet aux navires de tous tonnages, et par conséquent à étendre d'une manière sensible, dans un avenir sans doute prochain, les relations commerciales de la ville.

Là, toujours une brise caressante modère les ardeurs
de la température aux jours des fortes chaleurs ; de
là, les regards plongent à l'envi sur un paysage sans
rival et que plusieurs pinceaux renommés se sont plu
à reproduire ; alors les mouvements divers des navires dans le port, le chant lointain des matelots, les
évolutions rapides des légères embarcations qui sillonnent les eaux bleues de l'Adour, tout cela forme
un tableau plein de grâce et de vie, auquel les spectateurs ne manquent certes jamais.

Tout à l'entrée des Allées-Marines, vous voyez sur
votre gauche, ces jolies allées d'ormeaux qui côtoient
en pente douce les glacis de la place. Ce sont les
Allées-Paulmy (1), autrefois la promenade préférée
des Bayonnais, et délaissée par eux depuis que les
glacis voisins ne sont plus le théâtre des revues et
des manœuvres des troupes de la garnison. A l'extrémité méridionale de cette promenade, deux routes
se présentent devant vous ; l'une court vers l'ouest,
c'est celle qui tout à l'heure vous mènera à Biarritz ;
l'autre vers le sud, c'est la route de Cambo, station
thermale renommée aujourd'hui, et assise, non loin
de Bayonne, sur le premier plan des Pyrénées. Tout
près d'ici, sur cette dernière route, paraissent les
restes informes de ce qui fut autrefois le château de
Marrac, célèbre par les trois mois de séjour qu'y fit
l'Empereur Napoléon 1er en l'année 1808.

_____

(1) Vers le milieu du dernier siècle, le marquis de
Paulmy, ministre, était venu à Bayonne ; la municipalité de
ce temps-là donna son nom à ces allées, afin de perpétuer parmi les Bayonnais le souvenir de sa visite.

Ces autres allées, cet autre glacis qui se dirigent vers l'est comme pour enfermer Bayonne dans une guirlande de verdure et d'ombrages, ce sont les glacis, la promenade *Saint-Léon*. Ce nom vénéré se rattache à de bien pieux souvenirs pour la population bayonnaise; car c'est le nom du glorieux patron de la ville, du saint apôtre qui fut martyrisé en ces lieux.

On était au IXe siècle. Envoyé par le Chef de l'Eglise vers les peuples qui habitaient en deçà et au delà des Pyrénées pour travailler à leur conversion, Léon arrive à Bayonne et ramène bientôt à la vraie foi les adorateurs du dieu Mars. S'éloignant ensuite pour quelque temps de la ville qu'il avait régénérée, il vole à d'autres conquêtes. Durant son absence, des pirates qui avaient leur retraite habituelle dans la ville et se trouvaient en course à l'époque des prédications de Léon, surpris et irrités à leur retour de la conversion générale, se mettent en embuscade pour assouvir leur rage sur l'apôtre qui revenait alors d'Espagne à Bayonne. Vous voyez cette fontaine qui coule près de la Nive, et qui porte le nom du martyr; c'est là que les brigands tranchèrent la tête à saint Léon. Au sommet de la colline, vous avez remarqué une modeste croix, s'élevant solitaire entre quatre ormeaux; c'est là que le saint avait dressé sa cellule le premier jour de son arrivée à Bayonne; c'est là que son corps fut enseveli avec les plus grands honneurs. Peu de temps après, on édifia sur le tombeau du martyr une petite église qui fut détruite vers la fin du XVIe siècle. Une partie des reliques de saint Léon fut transférée dans la cathédrale de Bayonne où elles sont encore vénérées aujourd'hui; une autre

partie fut transportée à Anglet, lieu assez voisin de la
ville, où une église nouvelle, bâtie bientôt en l'honneur du saint, ne tarda pas à faire une paroisse florissante de ces lieux jusqu'alors probablement peu habités.

Je voudrais bien maintenant franchir avec vous la
rivière qui serpente à nos pieds, et, sortant par la
porte de l'Est, vous conduire sur les pittoresques
hauteurs qu'avoisine le joli village de St-Pierre
d'Irube. Une pente assez raide y conduit ; mais quand
on est parvenu sur le plateau, on voit se dérouler
devant soi un des plus vastes, un des plus beaux pa-
noramas qu'ait pu jamais rêver l'imagination la plus
féconde. Tout autour de vous, les plus délicieuses
villas se cachent derrière leurs arbres verts ; au
loin, çà et là, des champs, des prés d'une admirable
culture, étalent au soleil leur parure luxuriante ; à
vos pieds, c'est Bayonne, c'est l'Adour coulant entre
ses deux riantes rives ; et plus loin ce sont les grandes plages, c'est la mer, l'immensité ! J'aurais voulu
vous mener à cette fontaine de Lissague, si fraîche
et si ombragée, qui murmure au pied du village de
St-Pierre d'Irube, et vous raconter la légende que la
tradition locale a soigneusement conservée jusqu'à
nos jours ; car vous devez aimer les légendes, et la
mienne remonte au commencement du xve siècle.

Or, en ce temps-là, dans une caverne rocheuse qui
s'ouvrait auprès de la fontaine, s'était retiré un monstre que les plus intrépides avaient métamorphosé en
dragon armé d'écailles. Le chevalier Gaston de Belzunce, fils d'Antoine de Belzunce, qui fut maire et
gouverneur de la ville en 1372, résolut de se dévouer,
et se rendit à la caverne pour délivrer le pays de cet

hôte effrayant. Le combat commence ; Belzunce a un moment l'avantage et porte au monstre de rudes coups ; mais celui-ci, blessé à mort, fait un terrible et dernier effort, et tous deux sont précipités dans la Nive où ils périssent. Je ne rechercherai pas évidemment ici quelle est la classification probable du monstre ; néanmoins je pourrais, à l'appui de la possibilité du fait, citer le témoignage de plusieurs chroniqueurs sur l'apparition dans les Pyrénées d'énormes serpents qui, à différentes époques, épouvantèrent les campagnes du Pays Basque. En somme, je ne voulais que vous raconter une légende, je désire qu'elle vous ait intéressé.

Enfin, sur la rive droite de l'Adour, Bayonne est couronnée au nord par les coteaux de Saint-Etienne, tout peuplés de beaux ombrages et d'habitations élégantes, et du haut desquels l'œil embrasse de tous côtés les perspectives les plus variées et les plus admirables.

Voilà Bayonne au dedans et au dehors, et si je n'abrégeais, que de choses j'aurais encore à vous dire sur son compte ! Je vous parlerais de la douce température de son climat pour lequel l'hiver n'a que des rigueurs passagères et incomplètes. Elevant un peu le ton de mon récit, je vous raconterais ensuite l'histoire des Bayonnais qui ont illustré à d'autres époques, qui, de nos jours encore, illustrent leur ville natale, et la liste de ces hommes remarquables est longue. (1) Je vous dirais... mais que ne vous dirais-

---

(1) Parmi tous ces noms bayonnais qui se rattachent à de précieux souvenirs pour la ville de Bayonne, il en est que le temps emporte peu à peu dans son cours et qui tendent à dis-

je pas, si je me laissais entraîner sur cette pente
facile. Il vaut mieux que je m'arrête, car nous avons
longuement causé et promené aujourd'hui.

Mais, me direz-vous peut-être en souriant d'un air
malin, jusqu'à présent vous ne nous avez fait voir et
entendre que de ravissantes choses. Est-ce donc que
Bayonne serait au monde la seule médaille qui n'eût
point de revers? — Je vous comprends, et ma réponse se ressentira de l'impartialité du chroniqueur
véridique qui vient de vous faire les honneurs de la
jolie cité. Tout, il est vrai, n'est pas beau et gracieux
à Bayonne, et certains de ses quartiers, habités par

------

paraître de la mémoire de la population. C'est un malheur
que je voudrais pouvoir conjurer. Mais puisque le cadre qui
m'est prescrit s'y oppose, qu'on me permette du moins de rap-
peler ici une fois de plus au souvenir reconnaissant de la population bayonnaise un nom obscur, il est vrai, si l'on tient
à l'éclat de la naissance, mais qui a droit à tous nos homma-
ges, si nous savons tenir compte des services rendus. C'est un
nom de femme, et cette femme un jour a sauvé Bayonne. En
quelques mots je vous raconterai donc l'histoire de *Menine-
Saübe-le-Bile*.

On était en 1594. Chez un chapelier, qui habitait une des
petites maisons adossées à la cathédrale de Bayonne, vivait
un marchand lyonnais nommé Pierre d'Or, mais qui se faisait
appeler Château-Martin. Française et Bayonnaise de cœur plus
encore que de naissance, la femme du chapelier (*Menine* était
son nom) conçut bientôt contre les sentiments patriotiques de
son hôte des soupçons que ne pouvaient qu'éveiller, d'un côté
l'abandon que celui-ci faisait des affaires de son négoce, de
l'autre ses fréquents voyages à Fontarabie à une époque
où les entreprises des Espagnols contre Bayonne étaient
continuelles. Elle profite d'une absence de Pierre d'Or, s'em-

la classe peu fortunée ou indigente, empruntent à la condition précaire de leurs habitants une physionomie peu souriante et assez ridée. Mais, outre que ces quartiers sont peu nombreux, les maisons qui les composent offrent du moins, grâce à la vigilante sollicitude de la municipalité, l'aspect d'une propreté constante; et de plus, j'aime à penser que le mouvement intérieur qui se fait ressentir au sein de la ville depuis quelques années, emportera successivement les habitations vieillies, les quartiers étroits et humides, pour y substituer peu à peu des rues larges et bien aérées, des places publiques dignes de celles que

---

pare de ses papiers et se hâte d'aller les remettre au comte de la Hillière, qui avait succédé au vicomte d'Orte dans le commandement de Bayonne. Pierre d'Or est arrêté; soumis à la question, il dévoile un projet d'entreprise contre la ville, qui devait être exécuté par des troupes espagnoles appuyées de deux corps de partisans gascons. En cas d'insuccès dans ce coup de main, un second plan était tout prêt pour essayer de se rendre maître de la place en dominant toute la navigation de l'Adour. — Grâce à Menine, la trahison avait avorté, et la ville était sauvée.

Pierre et deux de ses complices « furent rompus vifs, leurs « corps étendus sur trois roues, leurs têtes exposées au bout « de trois piques, à la porte d'Espagne, la face tournée vers « la frontière; et la ville reconnaissante alloua à Menine, que « désormais on n'appela plus que *Menine-Saübe-le-Bile* » (Menine-sauve-la-Ville) « une pension viagère de trois cents « livres annuelles, réversible, après sa mort, sur la tête de « son mari, et après lui, sur celle de leurs enfants. Il est parlé « de cet événement dans les histoires de de Thou et de Méze- « ray, et dans la vie du duc d'Epernon. »

(GARAY DE MONGLAVE.)

Bayonne possède déjà. En somme, Bayonne, comme toutes les grandes villes, a plusieurs beaux quartiers et quelques quartiers d'un ordre inférieur. Cela est si naturel que, sans votre question, je n'aurais peut-être pas songé à vous le faire remarquer.

L'heure du départ vient de sonner; deux routes s'offrent à nous pour nous conduire à Biarritz. L'une, de création récente et dont l'achèvement sera bientôt complet, longe les Allées-Marines et s'enfonce à travers les pignadars pour gagner les bords de la mer, non loin de l'embouchure de l'Adour; puis, se dirigeant à travers les sables du haut Anglet, elle traverse bientôt un quartier de ce village et aboutit enfin à Biarritz en côtoyant les grandes eaux de l'Océan, dont elle peut contempler, durant une partie de son parcours, les larges horizons. C'est le chemin de la *Barre* (1), que Bayonne et Biarritz doivent au coup d'œil créateur, à la haute munificence de S. M. l'Empereur. L'autre route, c'est celle que je vous signalais tout à l'heure à l'extrémité méridionale des Allées-Paulmy. C'est la voie ordinaire des omnibus qui font le service de Bayonne à Biarritz; si vous le voulez bien, c'est celle que nous allons prendre. En route donc, et à Biarritz.

---

(1) On nomme *barre* un banc de sable qui gêne l'entrée d'un port. L'accès du port de Bayonne n'est difficile que parce qu'une barre de ce genre est placée à l'embouchure de l'Adour. C'est à en empêcher, ou du moins à en atténuer notablement les tristes effets, que sont destinés les travaux actuellement en cours d'exécution. La nouvelle route passe non loin de la barre de l'Adour; de là le nom qui lui a été donné.

CHAPITRE II.

La route qui conduit de Bayonne à Biarritz, et dont la première moitié est grand'route d'Espagne, serpente d'abord à travers de fraîches campagnes, au sein desquelles d'élégantes maisons de plaisance sont assises au milieu des ombrages, des ruisseaux et des fleurs. De distance en distance, des coupures gracieuses, ménagées par la nature le long des coteaux à pente douce sur lesquels passe la voie, permettent à la vue de s'étendre au loin, et offrent aux regards charmés les plus riantes perspectives. Çà et là, les blanches maisons d'Anglet, grand et populeux village dont on traverse le territoire et qui sert de trait-d'union entre Bayonne et Biarritz, apparaissent dans le lointain comme un beau troupeau de moutons paissant sur le flanc des collines ; et là-bas, à votre droite, le paisible Adour, dont vous apercevez le sillon argenté, coule doucement entre les deux rives que vous admiriez tout à l'heure.

Mais voilà que notre véhicule, au moyen d'une légère inflexion à droite, a quitté la route d'Espagne et s'engage dans une autre voie formant avec la première un angle assez aigu. Le chemin qui s'étend maintenant devant nous ne porte désormais que la dénomination de *Chemin de Biarritz*, et devient une route à soi, route impériale vraiment, et dont le parfait entretien ne lui laisse rien à envier à aucune de ses rivales. Que les temps sont changés! m'écrierais-je volontiers en ce moment. Est-ce bien là ce chemin qui…. Mais ne précipitons rien ; nous aurons le temps de tout dire.

Le chemin de Biarritz court quelque temps encore à travers des champs fertiles et bien cultivés ; mais bientôt le pays se découvre, les arbres deviennent plus rares, quelques bouquets de pins, élevant dans la plaine leur tête toujours verte, annoncent le voisinage de la mer. Et quand le voyageur arrive sur la hauteur où est située l'habitation de *Bel-Air*, ainsi nommée sans doute à cause de sa position élevée et de l'air pur qu'on y respire, une large raie bleue tracée à droite par l'Océan, l'avertit qu'il approche du but de son voyage.

De là jusqu'au village, la route suivait auparavant les ondulations formées par le terrain, ondulations qui, pour les piétons et les lourds omnibus, constituaient des pentes assez dures à gravir. Grâce à la justesse du coup d'œil de l'Empereur, cette ligne a été abandonnée depuis ces dernières années ; et aujourd'hui le nouvel embranchement, se détournant de la voie primitive au pied de la côte de *Bel-Air*, se dirige ensuite vers la mer sur un plan horizontal, d'où la vue embrasse un horizon immense. En face, c'est l'Océan, le vaste Océan, dont vous ressentez déjà le souffle si frais; un peu à droite, voilà le Phare, dont la blancheur contraste doucement, de ce côté, avec la verdure des champs que vous traversez, de l'autre avec le bleu du ciel et des flots. Plus loin, c'est la *Villa Eugénie,* cette gracieuse création de l'Empereur, le long de laquelle la voie passe et dont les cours intérieures s'ouvrent à vos regards. Voici maintenant une magnifique plage, la *Côte de l'Impératrice,* avec laquelle nous ferons bientôt plus ample connaissance, et qui est toute fière aujourd'hui de son bel établissement de bains de mer, dont vous pouvez apprécier d'ici les proportions élégantes. Enfin, c'est Biarritz avec son air de jeunesse et ses habits de fête qui vous accueille de grand cœur au débarcadère, et dont les maisons, échelonnées le long des falaises dans un aimable désordre, s'offrent à vous sous l'aspect le plus pittoresque.

Si je ne me trompe, les huit kilomètres qui séparent Bayonne de Biarritz ne vous ont paru ni longs ni ennuyeux à parcourir. Et maintenant vous vous trouvez au sein d'une localité charmante, pour l'embellissement de laquelle la main des hommes a parfaitement su profiter des gracieuses avances faites par la nature. Autour de vous, ce ne sont que maisons proprettes et riantes, que riches demeures, somptueux hôtels, châteaux princiers vraiment, j'allais dire palais. Et tout cela est revêtu d'un parfum de fraîcheur qui fait plaisir à l'âme, et rassérène toujours les imaginations les plus malades et les plus assombries.

Mais à moi, impitoyable chroniqueur, cet air de jeunesse, que je constate avec bonheur comme vous,

2

rappelle que Biarritz n'a pas toujours été ce qu'il est aujourd'hui, et que ce n'est qu'à travers des transformations sans nombre qu'il s'est fait gentil et beau comme le voilà. Le chroniqueur, voyez-vous, c'est l'homme de toutes les époques, il faut qu'il mette un peu le nez partout pour l'acquit de sa conscience; et voilà comment il se fait qu'en ce moment, au lieu de condescendre à votre impatience, que nul ne comprend mieux que moi assurément, et de vous initier à toutes ces brillantes choses qui scintillent autour de vous, il va me falloir rebrousser chemin de quelques siècles en arrière, et tâcher de m'orienter le mieux possible avec vous dans la nuit des temps passés pour vous raconter ce qu'était Biarritz autrefois, alors qu'il ne ressemblait guère à ce qu'il est aujourd'hui.

Mais il me semble que ce préambule vous effraie déjà, malgré toutes les précautions dont j'ai pris soin de l'entourer, et j'entends votre voix suppliante me demander grâce : « Avocat, ah! passons.... » — Je vous comprends. Eh bien! bénissez la chronique et les archives locales; car les documents qu'elles contiennent sur l'origine et l'histoire du vieux Biarritz se réduisent à quelques renseignements parfois incomplets et assez vagues, à certaines conjectures qui, si elles peuvent nous guider assez sûrement dans quelques cas à travers l'obscurité des anciens âges, sont loin toutefois de constituer un canevas assez riche pour y broder de longs et minutieux détails. Je marcherai donc vite, et le chemin sera bientôt parcouru.

Jusqu'au XIe siècle, l'histoire est muette relativement à Biarritz. Son origine doit être simplement attribuée sans doute à l'arrivée successive en ces lieux de plusieurs familles de pêcheurs qui, appréciant les heureuses conditions que ce point de la côte offrait à leur industrie, établirent leurs cabanes sur les falaises, alors inhabitées, que tant de jolies villas peuplent aujourd'hui. Longtemps Biarritz fit partie de la noble communauté du pays de Labourd dont Bayonne était la capitale, et la langue basque a dû être celle de ses habitants durant de longues années. (1) Vers

---

(1) Aujourd'hui encore, les dénominations qui servent à désigner certains quartiers du village, appartiennent à la langue basque, et plusieurs familles y portent des noms dont la même langue revendique la propriété. De plus, l'étymologie du mot *Biarritz* lui-même (*bi-haritz*, les deux chênes) démontre surabondamment quelle était la nationalité du village à une autre époque. Mais quelle a été la cause de cette antique dénomination ? Nous l'ignorerons probablement toujours. Peut-être autrefois, non loin de la falaise déboisée, deux chênes superbes, venus là par un caprice de la nature, élevaient-ils leur tête ombreuse au milieu de la lande solitaire, et ont-ils donné leur nom au lieu témoin de ce phénomène végétal? Peut-être encore quelque événement fameux s'est-il accompli dans le voisinage des deux chênes, et a-t-il mérité que le nom de ceux-ci fût donné à la colonie ? C'est là une énigme qui sans doute demeurera toujours aussi obscure.

Je ne ferai que mentionner ici l'opinion qui veut que le nom du village ne soit que la reproduction du mot basque *Miarritz*, qui signifie *ortolan*. La chasse à l'ortolan, aujourd'hui bien dégénérée, avait autrefois de l'importance à Biarritz et dans les environs ; de plus, les habitants du pays Basque, pour désigner cette localité, ne se servent presque généralement que du mot *Miarritz*. Sont-ce là des preuves suffisantes pour justifier cette étymologie ? Je ne déciderai pas.

D'autres étymologistes enfin ont prétendu que le mot *Biarritz* dérive des mots basques *bi-harri*, les deux pierres, les deux rochers. Ces deux rochers ne seraient autres sans doute

le milieu du XIe siècle, Biarritz était un riche et vaste
entrepôt des produits de la grande pêche. Armés pour
la poursuite des baleines dont le passage, disent les
Coutumes de la mer, avait lieu sur les côtes de la
Guienne et de Biarritz depuis l'équinoxe de septembre
jusqu'après l'hiver, les hardis et aventureux marins
du village avaient donné à celui-ci, au moyen de
leurs audacieuses et fréquentes excursions en mer,
une prospérité qui en faisait un des lieux florissants
du littoral. La poursuite des baleines dans le golfe oc-
cupa pendant plusieurs siècles les pêcheurs de Biarritz, et la dîme de leur pêche formait, au milieu du
XIIIe siècle, un des revenus de l'évêque et du chapitre
de Bayonne. Peu à peu cependant, les baleines, trop
vivement poursuivies, commencèrent à déserter ces
parages, et la pêche devint moins productive. Déjà
en 1281, l'évêque et le chapitre de Bayonne éprouvaient quelques difficultés dans le recouvrement de
la dîme dont je viens de vous parler; en 1498, les résultats de la pêche étaient devenus si médiocres que
la redevance fut, d'un commun accord, réduite de
moitié; et enfin, dans l'année 1566, les habitants de
Biarritz purent racheter les droits du chapitre pour
la modique somme de 308 écus deux tiers.

Aujourd'hui encore, on peut apercevoir sur les lieux
des indices certains de l'importance des captures que
faisaient à une époque reculée les habitants du littoral. On trouve dans quelques-unes des rares maisons
qui, à Biarritz, ont survécu aux rapides empiètements

que les deux promontoires qui sont connus sous les noms
d'*Atalaye* et de *Cap Saint-Martin* : c'est sur le dernier que
s'élève le phare de Biarritz.

d'une plus gracieuse architecture, quelques antiques os des baleines harponnées alors par leurs habitants. Certains de leurs sièges ont été empruntés aux anneaux de l'épine dorsale de ces énormes cétacés ; autrefois les sièges de cette nature étaient communs au sein des familles, et il n'y a pas 60 ans qu'on pouvait se les procurer sans peine. Les côtes de l'animal servaient à former des clôtures pour les jardins ; et on en conserve de nos jours des fragments de forte proportion.

Ainsi que les habitants des autres ports du Labourd, ceux de Biarritz durent poursuivre les baleines jusque dans les mers du Nord où elles avaient cherché un refuge qu'elles croyaient inaccessible ; mais c'étaient là de lointaines et dangereuses expéditions dont les bénéfices incertains ne pouvaient certes suppléer aux avantages faciles de l'ancienne pêche. De là date l'origine de la décadence de Biarritz, car cette localité, si brillante aujourd'hui, a eu avant de renaître de ses cendres ses jours de décadence, son temps d'arrêt, j'allais dire de mort.

A cette première cause de décroissance pour la fortune du village une autre cause vint s'ajouter. A l'époque où se rapporte l'événement que je vais vous raconter, Biarritz comptait dans son sein une belle population de marins audacieux et intelligents, et il n'était pas rare dans les familles de voir l'enfant de la maison, parti simple mousse pour faire à la mer le rude apprentissage du métier, revenir au logis paternel, après d'utiles et laborieuses années de navigation, avec le titre de capitaine. Or, vers l'année 1500, les sables qui forment la barre de Bayonne obstruèrent en s'amoncelant le passage que l'Adour s'était

creusé jusqu'à la mer, et le fleuve, violemment re-
foulé, s'ouvrit un lit nouveau du côté de la plaine sablonneuse de Capbreton, lit qu'il parcourut pendant
quatre-vingts ans et qu'il n'abandonna qu'après les
remarquables travaux de Louis de Foix.

Ce déplacement de l'Adour frappa pour quelque
temps d'un vrai malaise le commerce de Bayonne, et
les marins de Biarritz, qui demandaient en grande
partie dès lors à la navigation du commerce les ressources que leur mesurait trop parcimonieusement
une pêche peu rémunératrice, durent songer à d'autres moyens d'existence. C'est à cette époque qu'il
faut placer l'émigration d'un certain nombre d'habitants, qui s'en allèrent fonder une colonie au port espagnol des Passages, où ils espéraient pouvoir plus
facilement suffire à leurs besoins. Cette colonie a laissé
dans ce lieu des traces encore subsistantes de son séjour. Et un ancien capitaine de navire me disait avoir
entendu une partie de la population des Passages parler un langage qui a des traits sensibles d'affinité avec
le patois de Biarritz. Ce sont là sans doute les descen-
dants des membres de l'ancienne émigration.

Ce pénible événement et d'autres encore dont Biarritz eut à ressentir dans la suite le contre-coup désas-
treux, activèrent le dépérissement d'une prospérité
depuis longtemps compromise. Plus tard, dans le chapitre spécial que je me propose de consacrer à une
étude plus complète de la pêche ancienne et moderne
à Biarritz, je vous associerai aux phases diverses que
l'industrie et la fortune locales ont traversée avant de
déchoir ainsi. Comme aussi j'aime à penser que, dans
nos prochaines excursions à travers le village (que je
puis appeler petite ville assurément), nous trouverons

bien ici ou là quelques traces vénérables du temps passé, quelques empreintes, visibles encore, laissées par les siècles sur les falaises ou au bord des flots, qui nous permettront de soulever davantage le voile étendu depuis si longtemps par l'oubli sur bien des souvenirs. Alors je pourrai ajouter, j'espère, quelques nouveaux traits à l'esquisse que je viens de tracer en ce moment sous vos yeux.

Il y aurait certainement un grand intérêt pour l'observateur à savoir par quelle suite d'événements Biarritz s'est détaché peu à peu du pays de Labourd dont il faisait originairement partie, par quelles causes diverses il a été amené à échanger sa langue primitive contre le patois qu'il parle depuis longues années. Mais ici on ne pourrait abriter une opinion que derrière des conjectures, plus ou moins plausibles, mais conjectures toujours. Néanmoins il est assez probable que le voisinage de la ville de Bayonne, vers laquelle des intérêts ou des besoins journaliers attiraient les habitants de la bourgade, et qui communiquait insensiblement à ceux-ci sa physionomie et son caractère; que les fréquentes absences des enfants du pays dont le langage originel s'altérait au contact des idiomes divers qu'ils devaient étudier dans leurs lointains voyages; que d'autres causes encore sans doute, qu'une chronique moins incomplète pourrait seule nous révéler, ont lentement préparé les résultats que nous constatons aujourd'hui.

Si vous le voulez donc bien, nous ne nous préoccuperons pas autrement de ces transformations successives, et dans le chapitre suivant, nous allons reprendre l'histoire de Biarritz à quelques années de nous seulement.

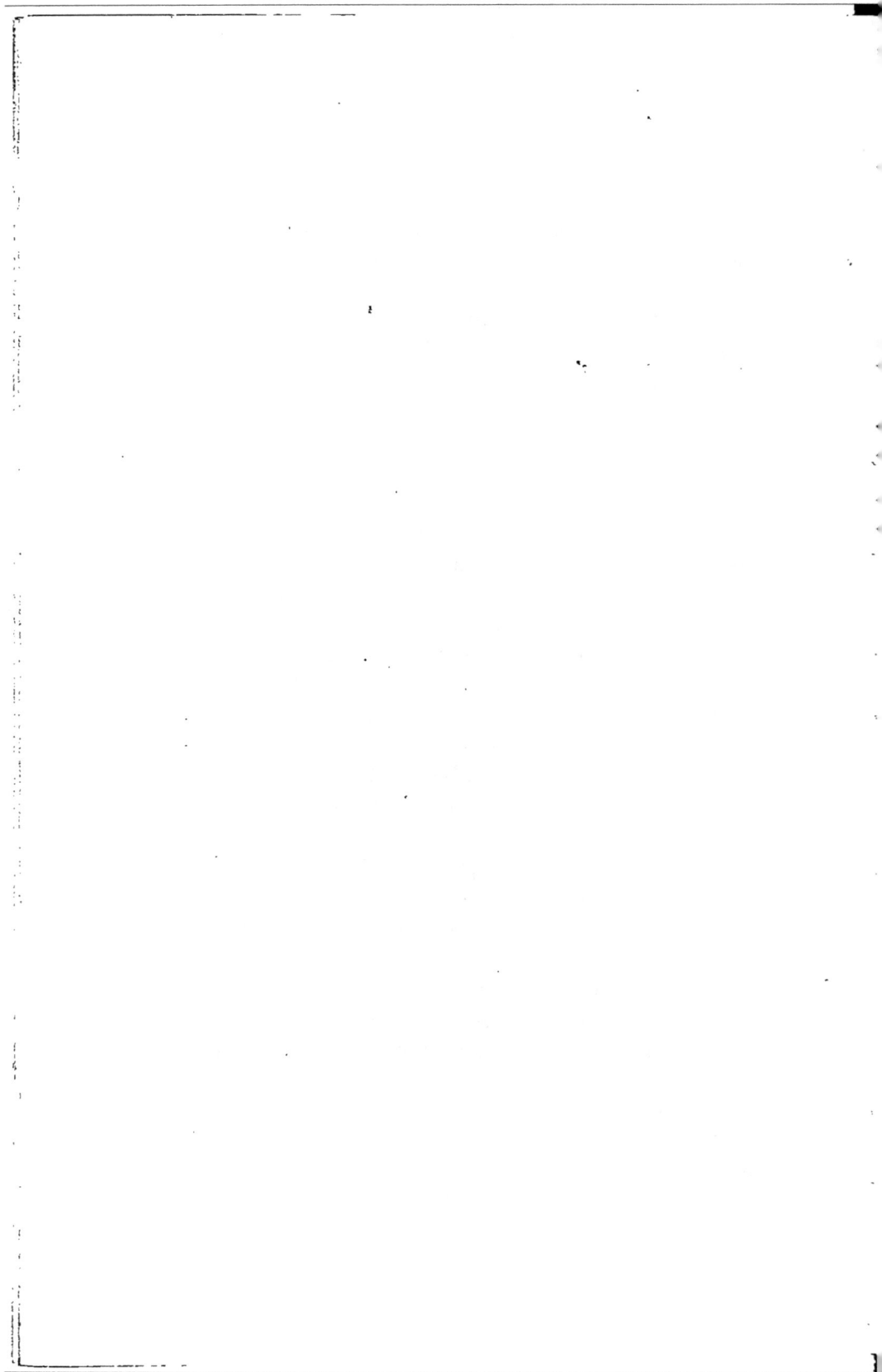

CHAPITRE III.

Biarritz il y a trente ans. — Ce que c'était alors qu'une saison d'été à Biarritz. — Le bourgeois bayonnais et les toilettes d'alors.—Le chemin de Biarritz à cette époque.— Le désert et les caravanes. — La reine de Hollande.

Il y a une trentaine d'années à peine, Biarritz, complétement déchu de sa prospérité passée, était le gîte obscur de quelques pauvres familles de pêcheurs, une modeste bourgade isolée en quelque sorte du reste de l'univers par sa ceinture de rochers et de sables. Tandis que les hommes s'efforçaient de subvenir aux besoins de leurs familles au moyen des produits toujours incertains et ordinairement peu lucratifs de la petite pêche, les femmes, dans l'intérieur de leurs demeures, tâchaient de leur côté de grossir le modeste pécule en filant assidûment le lin que leur confiaient les gens aisés du lieu ou du voisinage. Biarritz, durant l'hiver, était triste et sans vie ; on eût pu le comparer à un rocher immense et solitaire habité par quelques oiseaux marins et battu par la tempête. Et si, dans les beaux jours de l'été, les flots adoucis venaient caresser mollement le sable de ses rivages, si les rayons brillants d'un soleil d'Italie se jouaient avec bonheur sur la crête de ses falaises, seule, avec quelques privilégiés de la ville voisine, la population indigène jouissait de ces faveurs d'un ciel clément ; seule elle aspirait cette atmosphère pure, seule elle se plongeait dans ces ondes salutaires, toutes choses précieuses qui donnent aux habitants de ce fortuné climat une santé formidable et une vieillesse illimitée.

Comment, se demandera-t-on ici, comment se fait-il que Biarritz, dont la situation élevée est si riche en perspectives et à qui la nature a fait don des plages les plus vastes et les plus sablonneuses, des anses les plus sûres et les mieux abritées, ait été ignoré si longtemps de la foule incalculable des impotents et des touristes, qui cherchaient en des lieux bien moins favorisés ou un remède à leurs maux ou quelque nouveau point de vue pour leur crayon ou pour leurs yeux ! Comment ? si ce n'est parce que Biarritz s'était profondément endormi au murmure de ses flots, sans soupçonner le moins du monde assurément les richesses qu'un avenir prochain allait lui apporter, sans appeler par conséquent de ses vœux ni hâter de ses efforts le moment d'une résurrection, dont ses plus beaux rêves ne lui parlaient pas encore.

Ce n'était pas chose qui faisait grand tapage alors, qu'une saison d'été à Biarritz.

Vers le mois de juillet de chaque année, vous auriez vu de temps à autre de petites caravanes traverser le désert (je dirai tout à l'heure un mot du désert et des caravanes) et se diriger vers l'humble bourgade. C'étaient quelques familles de bons bourgeois bayonnais qui, après s'être décidés, non sans peine je vous assure, à quitter pour douze ou quinze jours

leurs pénates chéris et en avoir confié la garde, avec
toute sorte de sollicitude, à la vieille et brave cuisi-
nière de la maison, s'en allaient demander au tran-
quille village repos, distractions ou santé.

Chacune de ces familles avait à Biarritz sa maison
attitrée, ses bonnes vieilles connaissances du lieu qui,
pour un prix modique, mettaient à sa disposition quelques chambrettes d'une configuration un peu antique,
c'est vrai, mais dans lesquelles on retrouvait toujours
un parfum de linge blanc et de parquet bien ciré qui
constituait le luxe de l'époque et qui nous suffisait
alors. Dès que le mois de juin ramenait un plus beau
soleil et annonçait l'arrivée prochaine des visites tant
attendues, vous eussiez vu se mettre en grand mouvement les ménagères de ces demeures privilégiées.
Les bras du logis ne suffisaient plus aux lessives gé-
nérales, les parquets un peu vieux gémissaient sous
les efforts du frottoir. Les murs intérieurs, fraîchement blanchis à la chaux, recevaient les éclatantes
enluminures qui venaient d'être soigneusement retirées du lourd bahut ; et les petites images, les vases
grossiers de terre blanche bariolés de gros bleu, s'é-
talaient avec orgueil sur le chambranle de la vaste
cheminée. Au fond de l'alcôve où régnait un lit d'une
carrure inconnue de nos jours, les immenses rideaux
coloriés à grands sujets historiques ne tardaient pas à
s'élever fièrement au-dessus de la couche trois fois
séculaire. Bref, à l'heure dite, tout était prêt ; et quand
vous arriviez, vous trouviez sur le seuil la bonne et
vieille Mariannotte (vos ménagères s'appelaient souvent Mariannotte) qui vous accueillait à bras ouverts,
avec un sourire de bonheur sur les lèvres et aussi
une petite larme d'émotion dans l'œil.

J'étais enfant alors, et de tout cela il me souvient comme si je le voyais encore de mes yeux ; pardonnez-moi de me laisser un peu aller aux souvenirs de mon premier âge.

Pendant la durée de ces courtes vacances, les jours s'écoulaient pour nos citadins dans une douce uniformité. On retrouvait là des amis de la ville, on promenait, on causait, on allait prendre son bain à l'heure de la marée, on assistait à la pittoresque arrivée des *cacolets* indigènes (tout à l'heure vous saurez ce que c'était que le *cacolet*) qui amenaient quelques visiteurs nouveaux. Ah ! par exemple, vous me permettrez de vous dire en passant que les préoccupations de la toilette n'entraient jamais, pour ces messieurs et ces dames, en ligne de compte dans le menu détail de la distribution des journées. Voyez-vous ce digne bourgeois, au visage vermeil et replet, qui s'avance abrité contre les rayons brûlants du soleil par un parapluie de la plus respectable envergure? A son front serein, à son constant sourire, à la brillante chaine de montre et aux lourdes breloques d'or qui s'étalent avec orgueil sur son large abdomen, vous reconnaissez tout d'abord l'heureux mortel dont le succès a couronné les travaux, et qui jouit avec une entière félicité des faveurs de la fortune. Eh bien ! dites-moi, connaissez-vous une mise plus modeste que la sienne! Uu vaste chapeau de paille (or, croyez-m'en sans peine, ce n'est point un panama) , ombrage son chef sous d'amples rebords; une simple veste de coton blanc à petites fleurs bleues ou roses, un pantalon d'étoffe légère et commune, composent tous les détails de sa toilette. Des souliers de basane d'une coupe indépendante enserrent mollement ses pieds, veufs à cette heure de ce tyranique emblème de la civilisation qu'on nomme bas ou chaussettes. C'est que notre homme se rend au bain, et que le superflu lui paraît ridicule dans la toilette provisoire à laquelle, de retour au logis, il daignera cependant accorder pour le reste du jour le complément indispensable.

Vous attendez maintenant sans doute que je vous dise un mot de la mise des dames. Ah ! il y a un abîme de dix siècles au moins entre les exigences d'alors et celles d'aujourd'hui, entre le franc et modeste laisser-aller de cette époque et les modernes caprices de la mode orgueilleuse qui veut que de nos jours on n'aille plus au bain qu'en robe de soie, mantelet de dentelles et souliers de satin. Alors on ne vivait que pour soi et pour son intérieur, tandis que maintenant on vit beaucoup pour les autres et pour le dehors; on ne se préoccupait pas comme aujourd'hui des approbations ou des improbations de la foule, et n'est-ce pas qu'on devait être bien plus heureux ainsi ! Bref, alors les dames, à l'heure du bain, quittaient leurs demeures dans une toilette de la plus incontestable simplicité. Large chapeau de paille commune, ample peignoir d'une étoffe peu prétentieuse assurément, et dont la forme ou la qualité n'étaient point déguisée encore par les formidables engins de la mode actuelle, châle sur le retour de l'âge et ayant connu des jours meilleurs, chaussure tenant le milieu entre le soulier et la pantouffle, voilà tout. Quant au tyranique emblème de la civilisation dont je parlais tout à l'heure, cela vous surprendra peut-être, mais cela est ainsi pourtant, il manquait parfois à l'appel, et cela n'étonnait personne. Au retour du bain, on faisait subir, sans beaucoup de bruit et en un tour de main, à la

toilette de la matinée quelques modifications nécessaires, et l'on n'en parlait plus.

N'est-ce pas que tout a bien changé depuis ce
temps-là, et que ce qui ne constituait alors qu'un
détail sans importance dans l'emploi de la journée,
est devenu maintenant, pour un très-grand nombre,
la préoccupation la plus sérieuse, la sollicitude la plus
inquiète, l'affaire capitale entre toutes. Pauvre humanité !

Ainsi donc, la saison d'été à Biarritz, il y a quelques années, était loin d'être brillante comme elle
l'est devenue depuis. Peu de monde, peu de bruit et
de mouvement, voilà le résumé de l'histoire de la
bourgade pendant l'été; pas de monde, pas de bruit
ni de mouvement, voilà le résumé de son histoire
pendant l'hiver.

Un jour par semaine, à l'époque des beaux soleils,
Biarritz dérogeait pourtant à ses habitudes silencieuses. Ce jour-là, c'était le dimanche, le jour des promeneurs du voisinage. Le dimanche donc, tout deve-
nait animation et vie sur ces plages paisibles; ce n'é-
tait pas un spectacle peu intéressant, je vous assure,
que la vue de cette longue file de cacolets.... Mais, si
je ne me trompe, je vous ai fait à propos de cacolets,
une promesse tout à l'heure. Je m'interromps donc
brusquement pour la remplir ici et vous faire en quelques mots, d'après nature, la description de la voie et
des moyens de transports qui unissaient alors Bayonne
à Biarritz. Je n'exagérerai rien, car tout ce que je
raconterai, je l'ai vu.

A l'époque dont je vous parle, la route de Biarritz
était impraticable pour les voitures pendant les trois
ou quatre derniers kilomètres. Là on ne rencontrait

qu'un méchant chemin, tracé au milieu des fondriè-
res et dans un sable que le soleil brûlait. Il fallait du
courage, allez, ou de bien graves affaires pour affronter, à l'heure du haut soleil, ce désert de sable torré-
fié. Le passage en étant donc à peu près interdit à
tout appareil roulant, les gens du pays avaient adopté
pour le transport des promeneurs un moyen de loco-
motion, qui est fort en usage du reste encore dans les
contrées montueuses ou sablonneuses de nos frontières, le cacolet. Vous voulez savoir ce que c'est que
le cacolet ?

Représentez-vous une façon de bascule, adaptée
par un bât au dos d'un animal quelconque et offrant
deux siéges sans nom connu pendants de chaque côté
de la bête. J'ai dit d'un animal quelconque, je me ré-
tracte. Car le cacolet indigène, celui que je veux décrire ici, doit essentiellement reposer sur le dos d'un
cheval à croupe osseuse, jeune autrefois et clochant
d'un pied ou même de deux. Celui-ci se nomme d'ordinaire *Coco* ou *Brillant*. Pour que le voyageur puisse
escalader avec sécurité les siéges qui revêtent les
flancs de *Brillant* ou de *Coco*, il me semblerait utile
qu'il eût préalablement reçu quelques notions des lois
de l'équilibre.

Que de fois le dos amaigri de *Brillant* a porté des
familles entières ! Bonne et docile bête ! Le père est
assis sur le siége de droite, la mère, avec son plus
jeune enfant dans les bras, sur le siége de gauche ;
le fils aîné, qui a bien six ans, est triomphalement
installé sur le bât mitoyen et se croit déjà un habile
cavalier parce qu'il tient parfois dans ses petites mains
l'extrémité de la bride que lui remet par moments le
papa débonnaire. C'est une colonie entière ; pauvre

Brillant! Et ce n'est pas tout encore ; car, lorsque le séjour à Biarritz devait se prolonger quelque temps, vous eussiez pu voir accrochés sous les siéges et formant un excédant de poids fort respectable, paniers de provisions, et cartons à linge, et cages à poules, que sais-je? Mais *Brillant* ne se plaignait pas, et il allait toujours, trottinant dans le sable sous la petite allure qu'il avait adoptée, et dont rien, ni les encouragements de la voix, ni les reproches du fouet, ne pouvait l'engager à varier les monotones oscillations.

J'avais donc raison de vous dire que c'était un spectacle intéressant que la vue de ces curieux équipages, parfois grotesques, pittoresques toujours, marchant souvent à la file les uns des autres à travers la route déserte, dont le silence était interrompu par les cris stridents des conducteurs et des conductrices, le tintement des grelots attachés au cou des montures, et les francs éclats de rire de la joyeuse caravane.

Et voilà comment, il n'y a pas bien longtemps encore, on voyageait de Bayonne à Biarritz. Ce n'était pas brillant, j'en conviens. Eh bien ! vous me honnirez peut-être pour ce que je vais dire ; mais j'avouerai néanmoins que je regrette vivement pour ma part la disparition de ce moyen de transport, si déplorable qu'il fût. Car c'était là un reste des traditions et des mœurs simples d'autrefois ; et puis, le cacolet local constituait une spécialité, il était empreint d'un cachet particulier, d'une odeur de terroir que j'aurais voulu voir survivre aux impitoyables envahissements de l'industrie.

Vous trouvez mes regrets bizarres ; je me tairai donc, mais non sans vous avoir auparavant

raconté une toute petite histoire à propos de cacolet.

C'était en 1807. Deux jeunes dames de l'extérieur
le plus distingué s'étaient rendues à la *Porte d'Espagne*, point de la ville de Bayonne où stationnaient les
cacolets de Biarritz, afin d'y choisir une monture sur
laquelle elles pussent gagner les bords de la mer.
Leur choix fut bientôt fait, et quelques instants plus
tard, elles chevauchaient gaiement sur le dos d'un
coursier du crû, que guidait une jeune fille du village, Marie Dalbarade. La promenade fut joyeuse.
Nos deux dames visitèrent Biarritz, parcoururent
les plages, puis reprirent le chemin de Bayonne au
milieu des plus agréables impressions; et le prix de
la course fut généreusement payé à la cacoletière.
Quelque temps après, Marie Dalbarade recevait de
Bordeaux un beau collier que lui adressait l'une des
deux nobles promeneuses.

C'est que celle-ci n'était autre que la reine Hortense, épouse du roi de Hollande et mère de l'Empereur Napoléon III, qui, dans un voyage entrepris par
elle vers nos Pyrénées, avait bien voulu réserver un
regard et un sourire pour les bords gracieux de notre
Océan.

Depuis cette époque jusqu'à sa mort qui n'a eu lieu
que l'année dernière, Marie Dalbarade a été constamment désignée dans le pays sous le nom de *Reine de
Hollande*. C'est le 1er septembre 1858 qu'elle s'est
éteinte à Biarritz, à l'âge de 70 ans. Par une singulière coïncidence, elle est morte le même jour où
l'Empereur Napoléon III, le fils de la reine Hortense,
arrivait à Biarritz pour se reposer quelque temps au

3

milieu de nous, dans sa *Villa Eugénie*, avec son auguste compagne.

CHAPITRE IV.

Biarritz commence à être connu et apprécié. — Il fait toilette. —Les hôtes brillants ne lui manquent pas.—Aspect général de Biarritz aujourd'hui quand arrive l'été. — Statistique du mouvement des étrangers. — Pourquoi la vogue a accordé ses préférences à Biarritz. — Quelques détails topographiques et médicaux. — Nos plages. — La Société de Sauvetage.

Pendant plusieurs années, Biarritz mit donc au service à peu près exclusif des bourgeois bayonnais et la douceur de son ciel et l'action salutaire de ses flots. Mais pour lui aussi l'obscurité et le délaissement allaient avoir un terme.

Peu à peu le nom du village, la renommée des agréments qu'il devait à la munificence de la nature, avaient franchi le rayon étroit dans lequel ils étaient auparavant renfermés, et plusieurs villes du voisinage commencèrent à lui envoyer leur contingent de visiteurs et de malades. Dès lors, sa réputation s'étendit rapidement ; bientôt des hommes intelligents et dévoués se mirent à l'œuvre, et l'administration supérieure seconda puissamment des efforts qui devaient être si féconds. Une route spacieuse et ferme

succéda au chemin sablonneux et malaisé qu'il fallait
suivre naguère ; quelques véhicules modestes se mon-
trèrent timidement sur cette voie où on ne les compte
plus aujourd'hui ; l'heure de la résurrection avait
sonné, et l'œuvre de restauration allait marcher vite.

Réveillé par tout ce mouvement qui se faisait dans
son sein, Biarritz mit quelques instants encore à frot-
ter ses yeux engourdis ; mais, après avoir un peu
regardé au loin de lui, il comprit enfin les inten-
tions de l'avenir, s'étonna d'avoir dormi si longtemps et commença à faire toilette. On lui en sut
gré, et la foule accourut de plus loin. Biarritz une
fois connu, le reste marcha tout seul ; et comme il se
faisait voir sous des aspects toujours plus avantageux,
il fut promptement apprécié ce qu'il valait. De son
côté, l'industrie travaillait à rapprocher les distances,
et les chemins de fer offraient déjà aux voyageurs,
sur une assez grande étendue du territoire, une faci-
lité et une rapidité de déplacement merveilleuses. Or
Biarritz, qui voyait bien tout le bénéfice qu'il retire-
rait de ce travail de fermentation, ne perdit plus une
minute. Il se hâta de déblayer ses abords et de réparer ses chemins ; des maisons propres et élégantes
s'élevèrent rapidement sur les humbles habitations
des pêcheurs ; ainsi, en attendant que son nom se ré-
pandît plus loin encore, il se préparait de son mieux à
faire honneur à tous les hôtes qui devaient lui venir.

Jusque-là, l'industrie n'avait guère prêté à Biarritz
ni le secours de ses longs bras, ni celui de ses riches
capitaux. Aussi c'est chose pleine d'intérêt que d'assister au renouvellement rapide de ce pauvre village
qui avait réussi, par ses ressources et ses efforts, à se
faire propre et coquet avant que l'industrie, encoura-

gée depuis par la perspective à peu près certaine d'un avenir qui a dépassé toutes les espérances, vînt lui donner ce cachet de luxe et de confort qu'on y trouve aujourd'hui. Car aujourd'hui Biarritz n'a rien à envier aux lieux les plus vantés ; et ici tous les goûts, comme toutes les bourses, peuvent parfaitement se mettre à l'aise, et trouvent à chaque pas le superflu à côté du nécessaire, les splendeurs du luxe à côté des exigences plus modestes de la commodité. Près des maisons blanches et embellies par un goût toujours délicat, s'élèvent des habitations grandioses ; ce pauvre gîte de pêcheurs est devenu un nid gracieux de gentilles maisonnettes et de splendides châteaux.

Aussi les hôtes n'ont pas manqué à Biarritz ; hôtes modestes d'abord, il est vrai, comme la modeste bourgade d'alors, honnêtes bourgeois et campagnards aisés. Hôtes brillants et nobles familles plus tard, lorsque Biarritz eut avancé sa toilette et mis de la porcelaine sur ses tables et des fauteuils dans ses salons. Hôtes Impériaux enfin, quand, après avoir fait entièrement peau nouvelle, il eut mérité que son nom courût le monde et attirât vers lui d'augustes regards.

Il y aura cinq années dans quelques jours, l'univers entier avait les yeux fixés sur ce petit coin de la France, où le Souverain et sa noble compagne étaient venus, pour la première fois, respirer les deux airs si purs de l'Océan et des Pyrénées qui se donnent la main sur nos plages ; et Biarritz a pu voir depuis se renouveler chaque année les jours de bonheur que leur présence lui fit alors. Bonheur réciproque, il est bien permis de le dire ; car aujourd'hui la *Villa Eugénie*, cette heureuse pensée de l'Empereur, gracieusement assise sur son rocher dont les flots baignent la base, est pour tous un brillant témoignage de la prédilection du Souverain pour le beau ciel qu'il sut vite apprécier.

Biarritz est donc devenu parfaitement méconnaissable. Et si quelques-uns des derniers ancêtres de la génération actuelle quittaient pour un moment les tombes où ils dorment et parcouraient dans tous les sens ce lieu qui les vit naître et mourir, de toutes les choses qu'ils avaient connues ils ne reconnaîtraient sans doute que l'Océan, dont les bouleversements ne dépendent pas de la main des hommes. Bien sûr, ils croiraient pour tout le reste à quelque catastrophe subite et imprévue qui, après avoir englouti leurs antiques demeures, aurait, dans ses mouvements désordonnés, transplanté quelque cité voisine sur l'emplacement qu'occupait naguère leur paisible village.

Chaque année, quand le mois de juin a ramené le soleil et les fleurs, Biarritz se peuple d'une nouvelle et nombreuse population qui vient lui demander distractions ou santé, et lui apporter en échange une partie de sa fortune. Alors toutes les nations s'y donnent rendez-vous, et toutes les conditions s'y coudoient sans dire gare. Alors c'est le mouvement, la vie, le bruit, qui succèdent au silence et au sommeil des longs jours de l'hiver ; c'est la bigarrure de toutes les races, de toutes les fortunes, de toutes les manières d'être qui se réunissent, de tous les coins du monde, au bord des mêmes vagues, sur ce petit promontoire qui est devenu pour quelques jours la patrie adoptive de tous. Ici, je vois le lord anglais promener gravement auprès du boyard russe et du gentilhomme espagnol ; plus loin, des représentants nombreux de notre belle aristocratie française, se confondent avec les représentants des beaux-arts, du commerce et de l'industrie ; là, on voit quelques graves personnages qui sont venus de divers points de l'Europe pour se reposer des luttes parlementaires ou des travaux de la diplomatie. Enfin, pour mettre encore plus de variété dans le tableau, ici le paysan de nos contrées, sous son costume simple et original, heurte le haut baron à la toilette irréprochable ; et là, l'humble carriole du marchand forain passe lentement près du somptueux attelage qui promène au galop quelque famille de marquis.

Alors, chaque jour qui arrive révèle un nouvel accroissement de bruit et d'activité ; les mouvements de la rue deviennent plus fréquents et plus tumultueux, les voitures roulent et se croisent sans trève, les étalages des marchands forains s'élèvent par enchantement ; et les magasins réguliers, qui ont mis tous leurs soins à se faire beau visage, offrent aux amateurs un assortiment de plus en plus varié de tous les produits des deux mondes. Chacun se hâte, se remue pour trouver place, et bien chacun fait, car pour peu qu'il s'amusât en chemin, il aurait la douleur de se voir relégué aux dernières loges.

Et ce n'est point un tableau fait à plaisir que celui que je viens de placer sous vos yeux. J'ai promis de ne point exagérer et je n'exagérerai point. C'est chose bien aride que des chiffres ; permettez-moi néanmoins de vous prouver en ce moment par quelques chiffres que le mouvement annuel qui s'opère de nos jours à Biarritz constitue quelque chose d'étourdissant, surtout quand on compte le petit nombre d'années qui séparent l'époque actuelle des premiers jours de la résurrection du village. Au moment où j'écris, j'ai sous les yeux le compte-rendu officiel du mouvement des étrangers à Biarritz l'année dernière. De ce document il résulte qu'en l'année 1858, il est arrivé dans cette résidence, du 1er juin au 15 octobre, 8,034 étrangers. Soixante-dix-huit départements de la France, toutes les nations à peu près de l'Europe, l'Afrique, plusieurs contrées du Nouveau-Monde ont fourni leur contingent à cette multitude. Et enfin, pour que, d'un chapitre à l'autre seulement de ce petit livre, vous puissiez jouir du plus étonnant contraste, apprenez que sur cette route, si désolée et si déserte il y a peu d'années, les seules entreprises de voitures publiques, faisant un service régulier de Bayonne à Biarritz, ont transporté, en l'an de grâce 1858, 63,864 personnes.

Avais-je raison de dire que je n'exagérais point.

Et la vogue n'a pas eu tort assurément d'accorder ses préférences à Biarritz. Tout semble se réunir pour faire de cet aimable coin de terre un séjour enchanteur ; sans parler en détail ici de ce merveilleux ensemble de priviléges topographiques dont il a été comblé par une nature libérale et que nous étudierons tour à tour, est-il un climat dont la douceur soit comparable à celle que le climat de Biarritz offre à ses visiteurs ? Située sous une des latitudes les plus tempérées, exempte durant la belle saison de ces brusques intempéries atmosphériques, si funestes aux santés délicates, visitée chaque jour, même à l'époque des grandes chaleurs, par une brise rafraichissante, cette délicieuse résidence a pour les tempéraments délabrés des ressources infinies, comme elle possède des agréments sans nombre et des buts de promenades sans fin pour les intrépides touristes et les ingambes promeneurs.

Quelle est la localité balnéatoire qui peut mettre au service des baigneurs une variété de plages aussi complète que celle dont Biarritz leur offre le bénéfice ? Ici les bains peuvent se prendre dans trois bassins principaux ; mais outre ces trois bassins, combien d'autres que je ne nomme pas, et qui ont leur mérite assurément ! Les trois bassins principaux adoptés par les baigneurs sont appelés *Côte de l'Impératrice*, *Port-Vieux* et *Côte des Basques*. Je parlerai plus tard de chacun d'eux avec quelque étendue ; aujourd'hui je n'en dirai qu'un mot.

Chacune de ces trois plages a son caractère propre, son influence particulière ; chacune remplit à l'égard des malades des indications spéciales. Ainsi, la *Côte de l'Impératrice*, ouverte aux grandes lames par son exposition et son étendue, convient aux tempéraments pour lesquels le traitement par les douches constitue une médication nécessaire, ou qui ont besoin d'une certaine flagellation, dont les proportions peuvent être parfaitement réglées ici sur l'agitation journalière des flots.

La *Côte des Basques*, une des plus admirables plages du monde peut-être, présente habituellement un degré d'agitation sensiblement inférieur à celui de la *Côte de l'Impératrice*.

Le *Port-Vieux* enfin, sorte de conque protégée entre deux promontoires contre les fortes lames du large, semble spécialement destiné par la nature aux constitutions faibles, timides, à toutes celles en un mot que le choc des vagues pourrait trop péniblement impressionner. Au *Port-Vieux*, la mer est unie, caressante, moelleuse; les bains qu'on y prend peuvent servir d'intermédiaire entre les bains froids et les bains chauds.

Vous le voyez bien, nos plages à nous se prêtent admirablement à toutes les combinaisons, à tous les goûts, à tous les tempéraments. A Biarritz, il est bien difficile à un malade de ne pas arriver bientôt à guérison complète, quand il peut ainsi user à loisir de la médication complaisante qui sait se conformer si bien aux diverses exigences du mal.

Mais j'ai hâte d'interrompre ces détails médicaux, que vous me pardonnerez pourtant, j'espère, car je ne les ai abordés que pour vous, et vais répondre en ce moment à une question que je vois poindre sur vos lèvres. Allez, ne craignez rien; si vastes que soient les plages qui vous convient, quelque émus que vous paraissent les flots dans lesquels vous devez vous plonger, encore une fois, ne craignez point d'aller vous joindre à cette multitude qui vous attend au milieu des vagues, et n'ayez aucune appréhension pour votre sécurité personnelle. Car un œil est ouvert sur vous qui veille sans cesse; œil multiple en vérité, qui embrasse tous les points de nos plages et qui les protége tous. Cet œil-là se nomme à Biarritz la Société de Sauvetage. Le nom qu'elle porte vous indique suffisamment le but qui a présidé à sa création.

Les heures de danger, je le sais, ne sonnent pas fréquemment, grâce à Dieu, pour le baigneur; mais il y aura toujours des imprudents, des débiles ou des maladroits; on a songé à eux. Il y aura aussi toujours des peureux; et cette Société généreuse et prévoyante a pris ses mesures pour que l'appréhension la plus

légère ne vint jamais se mêler chez nous à la pensée
du bain. Allez, nous lui devons bien de la reconnaissance. Voyez-vous cette barque, montée par quatre
vigoureux marins, et stationnant immobile non loin
des baigneurs à la *Côte de l'Impératrice?* C'est la
barque du sauvetage, placée là comme une garantie
visible de l'existence de tous.

Au *Port-Vieux* une autre barque stationne en cas
d'accident; et en outre, la Société de Sauvetage a
échelonné sur les trois plages principales un nombre
suffisant de nageurs expérimentés qui, au moindre
appel, au moindre signe, et même sans qu'il soit besoin de signe ni d'appel, car ils ont l'œil à tout, se
précipitent sans la moindre hésitation dans les flots
dès que l'ombre d'un péril menace quelque baigneur.
Natures d'élite que celles de ces hommes qui ne cal-
culent jamais avec le danger, et s'étonnent ensuite
des admirations dont on entoure un dévouement
qu'ils prodiguent si volontiers !

Aussi, tant que dure le service établi par la Société
de Sauvetage, c'est-à-dire du 1er juillet au 1er octobre, les accidents de mer sont, je ne dis pas rares,
mais absolument inconnus à Biarritz. A ce sujet, on
me permettra bien de formuler un vœu. La Société,
à part les fonds fixes et nécessairement limités qui lui
sont accordés par le département et la commune n'a,
pour vivre et pour accomplir son mandat humani-
taire, que les ressources éventuelles d'une liste de
souscription qu'elle fait circuler chaque année à
Bayonne et à Biarritz.

Or, ne serait-il pas grandement à désirer que l'appel fait par la Société aux bourses étrangères et indigènes en faveur d'une œuvre aussi capitale, fût tel-

lement entendu, qu'on pût fixer désormais au service
du sauvetage des limites un peu plus étendues encore
que celles que lui ont assignées jusqu'à ce jour les
revenus de l'œuvre. La saison des bains de mer est
surtout comprise, il est vrai, dans les trois mois de
juillet, août et septembre ; mais il est vrai aussi que,
grâce à la douceur exceptionnelle de notre climat,
pour plusieurs elle commence à la seconde moitié
du mois de juin et ne se termine que vers la
mi-octobre. Et dès lors, ne serait-il pas souverainement utile à ceux-ci que la Société de Sauvetage pût
également veiller pendant ce temps-là sur leurs ébats
natatoires ! Maintenant, qu'on me pardonne, de grâce,
l'invitation que je me permets d'adresser ici, en faveur de l'œuvre du sauvetage, à la générosité de
tous. Que ceux qui donnent beaucoup, persévèrent ;
que ceux qui donnent peu, donnent davantage ; que
ceux qui ne donnent pas, donnent. Et je verrai se
réaliser le vœu que j'exprimais tout à l'heure.

CHAPITRE V.

—❈—

Séjour de LL. MM. Impériales à Biarritz. — Premier séjour
en 1854. — Construction de la *Villa Eugénie*. — La bonne
femme et les trois mille francs. — L'année 1856 et la Famille Impériale. — Aspect de Biarritz durant le séjour de
LL. MM. — Charité et reconnaissance. — Départ et tristesse.

—◇—

Avant d'aborder le détail de toutes les belles et
agréables choses que Biarritz met si complaisamment
au service de ses visiteurs, je me sens pressé d'accomplir ici un devoir de reconnaissance ; mieux que
cela, d'obéir à un besoin impérieux de mon cœur.
Vous m'avez deviné, bien sûr. N'est-il pas juste, en
effet, avant d'étudier une à une les transformations
étonnantes par lesquelles Biarritz a passé depuis
quelques années, de rendre hommage à l'auguste
influence dont le souffle puissant précipite chaque
jour dans son sein la révolution heureuse qui doit lui
donner la première place entre tous ses rivaux ! Depuis que les Souverains de la France ont jeté leurs regards sur ce gracieux petit coin de terre, le mouvement de fermentation qui s'opérait en lui a pris, sous
leur impulsion bienveillante, des proportions qui ont
dépassé tous les vœux, étonné toutes les espéran-

ces ; et l'admiration et la gratitude se partagent aujourd'hui tous les cœurs au sein de cette résidence privilégiée , sur laquelle la munificence impériale s'étend avec une prédilection évidente.

Je vous ai dit plus haut que , depuis quelques années déjà , LL. MM. l'Empereur et l'Impératrice sont fidèles à venir, durant la belle saison , demander à notre doux climat quelques jours de repos et de beau soleil. Et comme tous les projets de villégiature se résument partout pour les augustes visiteurs en une question de bienfaisance ou d'intérêt public , ce n'est pas seulement comme des Souverains bien-aimés qu'ils sont accueillis par nos populations, mais comme des bienfaiteurs, comme des amis vénérés et impatiemment attendus par le cœur. Biarritz a souvent fait la douce expérience de la générosité inépuisable et de l'ineffable bonté d'âme de LL. MM. Aussi, à leur arrivée, quel enthousiasme ! quelle douce émotion ! quelle profonde affection dans tous ces cœurs ! Je vous le disais, pour notre population, ce sont des bienfaiteurs, des amis bien attendus qui arrivent; aussi les habitants de Biarritz, en parlant d'eux, disent-ils simplement : «Notre Empereur, Notre Impératrice » ; comme les Béarnais, en parlant d'Henri IV, disaient : « Notre Henri. »

Ce serait un bien gracieux tableau à retracer ici que celui du séjour de LL. MM. Impériales au milieu de nous. Que d'aimables souvenirs à évoquer ! Cette affabilité toujours égale , cette charité sans mesure pour toutes les infortunes, cette active sollicitude pour tous les besoins et pour tous les intérêts, toutes ces nobles qualités du cœur qui constituent l'essence même de leur nature et se révèlent toujours au malheur avec une si complète efficacité, qui de nous n'en a été le témoin ou n'en a fait la consolante expérience !

Vraiment, je voudrais bien vous parler un peu de tout cela dans ce moment, et vous associer à quelques-unes des scènes gracieuses et touchantes qui signalent, chaque année, parmi nous, la présence de la cour impériale. Les couleurs de mon tableau seront peut-être bien pâles à côté de la réalité ; mais la bonne volonté de mon cœur suppléera pour vous à l'insuffisance de mon pinceau.

Le 21 juillet 1854, il y avait grande animation et grande joie à Bayonne et à Biarritz. La ville et le bourg s'étaient pavoisés de drapeaux et de banderolles, et la foule, agglomérée dans les rues et sur les chemins, semblait attendre impatiemment l'arrivée de quelque haut personnage. C'est que ce jour-là, en effet, l'Empereur Napoléon III devait arriver à Bayonne avec sa noble et douce compagne l'Impératrice Eugénie, et de là se rendre à Biarritz, où ils allaient tous deux séjourner quelque temps. C'était la première fois que le Souverain visitait nos contrées ; quant à son auguste compagne, nous l'avions connue autrefois noble demoiselle, elle nous revenait Impératrice ; on comprend dès lors que l'émotion occupât une large place au milieu des sentiments dont tous les cœurs étaient pleins. A quatre heures après midi, LL. MM. faisaient leur entrée à Bayonne, où elles avaient témoigné le désir de ne recevoir aucun honneur officiel ; elles traversèrent lentement la ville au milieu des cris d'enthousiasme de la population pressée sur leur passage, et bientôt après elles se dirigèrent rapidement sur Biarritz. Je renonce à décrire le chaleureux accueil qui les attendait ici , et les affectueux transports par lesquels cette bonne et ardente population salua ses hôtes augustes jusqu'au moment où ils arrivèrent au château de *Gramont* (1) dans lequel ils devaient résider.

Le soir, quand l'Empereur et l'Impératrice, dirigeant leur promenade vers l'intérieur du village, se trouvèrent au milieu de la foule nombreuse qui stationnait sur tous les chemins, sur toutes les rues, ils purent s'apercevoir, aux acclamations joyeuses qui les accueillirent, aux illuminations multipliées qui brillaient en signe de joie dans la nuit, de tout le bonheur qu'avait apporté leur présence.

Dès le lendemain, l'Empereur, avec l'activité infatigable qui le caractérise, commença à parcourir le pays dans tous les sens. Il comprit bientôt toutes les richesses que lui avait accordées la nature, et dont plusieurs, à l'état latent encore, ne demandaient qu'une impulsion vigoureuse pour être mises en relief et hâter les promesses de l'avenir. Avant longtemps, son coup d'œil créateur eut tracé le plan des améliorations nécessaires, des embellissements utiles, et sa munificence vint en aide, pour l'exécution, à l'insuffisance des deniers communaux. Je ne ferai pas ici la nomenclature de toutes les belles créations que Biarritz doit à la pensée du Souverain ; dans le cours de ce livre, elles se présenteront successivement sous

(1) *Gramont* est une habitation délicieuse, située tout auprès de l'église de Biarritz et à une distance de 1,000 à 1,200 mètres environ du bourg. Elle appartient à M. J. Labat, maire de la ville de Bayonne, qui s'était empressé de la mettre à la disposition de Leurs Majestés.

ma plume, et je vous en dirai le nom et les féconds résultats.

L'Empereur se trouvait à peine depuis quelques jours à Biarritz, qu'il se sentit pris d'une affection profonde pour cette belle nature qui se dévoilait sous des aspects à la fois si majestueux et si riants, et dont la salutaire influence se faisait ressentir utilement à lui dans l'amélioration rapide qu'éprouvait sa santé, fatiguée par les laborieux travaux du gouvernement. D'un autre côté, la constitution délicate de S. M. l'Impératrice reprenait journellement, aux rayons bienfaisants de notre soleil, une vigueur nouvelle : l'Empereur résolut d'avoir à Biarritz une résidence d'été. Il eut bientôt fait choix, sur les bords de la mer, d'un emplacement où des merveilles devaient être prochainement réalisées ; les Ingénieurs mirent aussitôt la main à l'œuvre ; et avant son départ, l'Empereur avait la satisfaction de voir déjà les travaux vigoureusement entrepris.

C'est de ce premier voyage de la cour impériale dans nos Pyrénées que date surtout, pour Biarritz et la contrée environnante, l'ère brillante dont nous avons tous salué les œuvres avec tant de bonheur. Depuis lors, tout a marché à grands pas autour de nous ; et aujourd'hui, de quelque côté que nous tournions nos yeux, nous trouvons partout l'empreinte puissante de la volonté souveraine et généreuse qui se plaît toujours à semer dans sa marche les bienfaits et les grandes choses.

L'année suivante, LL. MM. pouvaient déjà apprécier par elles-mêmes l'activité qui avait présidé aux travaux de construction de la villa impériale ; et, durant un rapide séjour qu'elles firent dans leur nou-

4

velle résidence, donner les derniers ordres pour
un complet achèvement. Depuis cette époque, c'est
la *Villa Eugénie* qui abrite, chaque année, les augustes personnages, lorsque le retour de la belle
saison les ramène dans nos contrées.

Il me souviendra toujours de l'accueil qui fut fait
à LL. MM. II. par nos populations, dans leur voyage
de l'année 1856. C'était toujours le même enthousiasme, le même bonheur! Mais il y avait quelque chose
de plus affectueux dans ces démonstrations de la joie
universelle; on lisait plus d'émotion sur les visages,
on eût dit qu'il y avait encore plus d'amour dans les
âmes! C'est que, cette année-là, les Souverains ne
revenaient pas seuls au milieu de nous. Dieu avait
entendu les prières de la France; depuis quelques
mois, l'Impératrice était mère, et elle venait déjà
confier son impérial enfant au climat bienfaiteur
dont elle avait elle-même éprouvé la salutaire influence. Autour de la couronne de l'Empereur on
voyait reluire maintenant la douce auréole de la
paternité; en acclamant le Souverain illustre, on
songeait à l'heureux père, et les plus doux sentiments remplissaient les cœurs, et on appelait sur
l'Enfant de la France toutes les bénédictions du
ciel.

Oh! en vérité, ce fut un beau jour que celui-là, et
l'auguste famille dut comprendre, une fois de plus,
à quel point elle est aimée.

Comme bien vous le pensez, le séjour de la cour
impériale est toujours un gros événement à Biarritz,
et les flots de population que sa présence y attire
donnent au village un aspect des plus animés.

Dès que la *Villa Eugénie* a ouvert ses portes à ses

hôtes augustes, c'est désormais autour de la résidence des Souverains que gravitent les pensées et
les regards de tous les habitants de Biarritz, étrangers et indigènes. Le mouvement qui s'y fait, les
incidents qui s'y produisent servent de thème ordinaire aux conversations du salon ou de la promenade;
et les lunettes d'approche sont établies en permanence
sur les balcons et aux fenêtres qui, par un heureux
privilége, ont vue sur les cours et les dépendances de la villa. Aux heures de leur promenade,
LL. MM. sont accueillies par la foule avec la plus
affectueuse sympathie ; et, n'était parfois quelque
peu d'importunité fatigante dans la curiosité des nombreux promeneurs, je n'aurais qu'à applaudir à la
parfaite convenance de leur maintien. Du reste, la
physionomie de Biarritz a toujours l'air de parfaitement convenir à LL. MM. Le bonheur qui brille dans
tous ces yeux qui les contemplent les rend heureuses elles-mêmes et attire fréquemment sur leurs lèvres un doux et bienveillant sourire. Elles savent
qu'à Biarritz elles se trouvent au milieu d'une famille
respectueuse et dévouée qui, tous les jours, fait des
vœux pour elles ; et cette satisfaction intime, jointe
aux merveilleux effets d'un climat privilégié, les
attache chaque jour davantage au délicieux séjour
qu'elles se sont choisi.

Les promenades à pied et en voiture, les excursions en mer, les bains, les réceptions officielles et
privées se partagent les journées de LL. MM. Je me
trompe, et j'aurais dû faire une large part à cette
touchante sollicitude qui étudie sans relâche les besoins locaux pour leur venir en aide, les infortunes
particulières pour en adoucir l'amertume; à cette

inépuisable mansuétude qui accueille, qui prévient à toute heure les vœux des populations, les réclamations des familles, les prières de tous ceux qui implorent. A Biarritz, dans les localités environnantes, partout où a passé l'auguste famille, demandez quelles sont les nécessités publiques dont la voix n'ait pas été entendue, les souffrances secrètes qui n'aient pas été consolées! demandez quel est le coin de terre qui ne tressaille pas sur le passage des Souverains, au souvenir de leurs bienfaits! Aussi comme on admire cet homme qui, de quelque côté qu'il dirige ses pas, s'occupe sans trève des intérêts du peuple qu'il visite, qui a une largesse et une parole affable pour tous ceux qui ont besoin! Comme chacun bénit cette femme dont le doux visage est l'emblème de la charitable bonté qui remplit son cœur! Et comme tous se sont instinctivement affectionnés à cet enfant qui promet à la génération de demain le bonheur dont jouit la génération présente! De façon que, dans toutes les âmes, il y a une affectueuse pensée, dans toutes les bouches une affectueuse parole pour cette famille bénie autour de laquelle je dirais volontiers, si vous vouliez me permettre une figure de circonstance, que les mêmes vœux et les mêmes sentiments montent sans cesse la garde du cœur.

Il me faudrait tout un gros volume pour vous raconter en détail les faits touchants ou aimables dans lesquels se révèlent journellement la parfaite bonté d'âme, la charité inépuisable, la délicate manière de l'Empereur et de sa douce compagne. Permettez-moi de glaner au hasard.

Aujourd'hui c'est l'Empereur qui, visitant de bonne heure les travaux en cours d'exécution dans la *villa,* aborde un ouvrier qui fait son repas du matin, repas frugal en vérité, et se composant ce jour-là, comme tous les jours de l'année, d'un simple morceau de méture (1). — C'est là votre déjeûner, mon ami? lui demande l'Empereur. — Oui, ma Majesté; ou, oui, mon Empereur; ou, oui, Monseigneur. Car nos braves gens sont souvent embarrassés dans l'emploi de la qualification. — C'est du pain de maïs que vous mangez-là; voyons, que je le goûte un peu. Et l'Empereur en coupe un petit morceau qu'il mange. — Mais ce n'est pas mauvais, dit-il ensuite, votre pain de maïs est bon. Et il s'éloigne en laissant une pièce de vingt francs dans la main de l'ouvrier, ébahi de cette munificence et touché jusqu'au fond de l'âme de la familière simplicité de S. M., dont la condescendance sait se mettre si bien à la portée de tous.

Un autre jour, l'Empereur dirigeait sa promenade vers les dunes inhabitées de la commune d'Anglet. Arrivé dans un endroit désert, il aperçoit une pauvre hutte de l'aspect le plus misérable, et sur le seuil une femme et trois petits enfants dont les vêtements en lambeaux témoignent de la plus profonde indigence. L'Empereur est touché à cette vue, il arrête sa voiture, appelle la pauvre femme, et l'interroge avec bonté sur sa position et ses malheurs. Puis, remettant dans ses mains un large témoignage de son impériale générosité, il s'éloigne sans attendre les bénédictions de l'heureuse mère.

Comme moi, vous vous plaisez à désigner souvent S. M. l'Impératrice sous le beau titre de *Mère des*

(1) Pain de maïs en usage dans nos campagnes.

malheureux, que la reconnaissance de ceux-ci et l'admiration de tous lui ont décerné depuis long-temps. Voici un trait des plus gracieux, dans lequel sa compatissante charité s'est peinte un jour d'une délicieuse manière.

Elle se dirigeait ce jour-là, avec S. M. l'Empereur, vers les hauteurs que domine le phare. Sur leur che-min, LL. MM. aperçoivent un pauvre paralytique qui, assis devant sa modeste demeure, aspirait l'air pur de la mer et contemplait le bel horizon bleu, les seuls délassements qui lui fussent désormais permis. L'Em-pereur et l'Impératrice s'approchent aussitôt du brave homme, et lui demandent avec intérêt s'il y a long-temps qu'il se trouve dans ce triste état : « Depuis sept ans », répond le malade, vivement touché de la compassion que lui témoignent les augustes prome-neurs. Tandis que ceux-ci adressent au pauvre in-firme les plus douces paroles de consolation et d'en-couragement, ils aperçoivent une toute petite fille de cinq ans à peine, dont le pâle visage et l'aspect maladif dénotent de cruelles souffrances. C'était l'en-fant du paralytique, qu'une violente dyssenterie avait réduite à ce pitoyable état. Le cœur si bon de l'Impératrice s'émeut à la vue des douleurs de l'en-fant; elle demande à son père l'autorisation de l'emmener à la *Villa Eugénie* pour lui faire suivre elle-même le traitement nécessaire à sa maladie, au-torisation qui est accordée avec des larmes de recon-naissance, et prie une jeune fille qui se trouvait là de transporter bien doucement au château la petite malade. La jeune fille prend l'enfant dans ses bras et se dirige vers la villa, suivie de S. M.; mais arrivée sur le seuil des superbes salons, la pauvre porteuse, qui n'avait pas de chaussure, s'arrête interdite. Pieds nus et souillés, marcher sur des parquets brillants qui ne sont foulés que par des Majestés et de grands personnages ! Certes, l'hésitation était permise, mais la douce voix de l'Impératrice fait bientôt cesser son embarras : « Entrez, mon enfant, lui dit-elle avec bonté. » Alors elle se décide bravement, va déposer dans un moelleux fauteuil son touchant fardeau ; et après avoir reçu une large rémunération des mains de S. M., elle se retire profondément émue de tant de charité.

Dès ce jour-là, la petite malade reçut au château les soins les plus tendres et les plus minutieux. Après sa guérison, elle fut reconduite à son père ; et depuis lors les soins ne manquèrent ni à son père, ni à elle; et par ordre de sa bienfaitrice, la nourriture de chaque jour était envoyée à l'un et à l'autre. Un jour même, l'Impératrice voulut que le Prince Impérial, qui avait alors quelques mois à peine, fît en quelque sorte par lui-même l'apprentissage de la charité, avant de pouvoir en apprécier les douceurs; et l'auguste enfant fut porté auprès de la petite malade, à laquelle S. M. envoyait en même temps une pêche magnifique pour son goûter de ce jour-là.

Que pensez-vous de cette miséricordieuse compatissance, de cette touchante délicatesse ! Et je pourrais citer mille traits semblables. Et j'ai entendu plus d'une fois les bénédictions touchantes qu'envoient au ciel, pour la *Mère des Malheureux,* tous ceux pour lesquels elle a eu une consolation, avec lesquels elle a versé une larme. Or, Dieu entend la prière de ceux qui souffrent; et il a déjà entendu celles qui montent tous les jours à lui en faveur de l'auguste et charitable famille entre les mains de laquelle reposent les destinées de la France.

L'heure du départ sonne pourtant un jour, car les plus douces choses ont une fin en ce monde ; et la cour impériale s'apprête à quitter Biarritz. C'est là pour notre bonne population l'heure des regrets et des tristesses ; et l'espoir seul de revoir *ses amis* à la saison prochaine atténue quelque peu ses tristesses et ses regrets. Au départ, les acclamations sont moins bruyantes qu'à l'arrivée, mais les cœurs sont plus gonflés et les yeux plus humides. Et quand les Souverains quittent le village, en jetant d'une voix émue à la foule qui se presse sur leur passage cet adieu du cœur : « Au revoir ! » les yeux de tous suivent les voitures impériales jusqu'à ce qu'elles aient disparu à l'angle du chemin ; et après on rentre un peu triste dans sa demeure, et jusqu'à l'époque du retour, chacun adressera sa prière à Dieu pour qu'il protége et ramène les hôtes augustes de la *Villa Eugénie*.

Lorsque l'Empereur eut résolu d'avoir une résidence à Biarritz, il donna les ordres nécessaires pour l'acquisition des terrains qui devaient composer son domaine A cette occasion il se passa un incident gracieux que vous me permettrez de vous rapporter dans toute sa simplicité native, et tel qu'il me fut raconté alors.

Une femme peu aisée du lieu possédait une pièce de terre que S. M. désirait annexer aux dépendances de la Villa Impériale. On parla à la bonne femme du désir de l'Empereur, et on lui demanda de fixer elle-même le prix de son terrain: « C'est pour notre Empereur ! reprit-elle aussitôt. Oh certes, alors je ne veux pas le moindre bénéfice. La pièce de terre m'a coûté trois cents francs : je ne demande que cette somme, et je serai bien heureuse d'obliger en cela Sa Majesté. »

Ce charmant propos fut rapporté à l'Empereur qui, touché de cette affectueuse délicatesse de sentiments, répondit aussitôt : « Cela ne serait pas juste ; mettez trois mille francs sur le contrat. »

CHAPITRE VI.

Biarritz sous ses divers aspects. — Biarritz en prose. — Poésie de Biarritz. — La *Côte de l'Impératrice* et son histoire. — Alors et maintenant. — Les *Bains-Napoléon.* — Un mot sur les bains chauds d'eau de mer. — Le *Casino.*

Biarritz, dont la population est d'environ 2,400 âmes, a une importance topographique assez considérable. Borné au midi par plusieurs villages du Pays Basque voisin et à l'est par celui d'Anglet qui le sépare de Bayonne, il a le grand Océan pour frontière au nord et à l'ouest. Bien que situé dans le voisinage immédiat de la mer, son territoire offre partout les cultures les plus belles et les plus variées, et des travaux persévérants et habiles ont pu y réaliser, jusque sur le bord des vagues, des paradoxes agricoles dont les résultats étonnent. En effet, tandis que, d'un côté, l'on voit s'étaler complaisamment sur plusieurs pentes des falaises, de vertes prairies, des moissons de la plus belle venue, d'un autre, l'œil éprouve chaque jour une nouvelle surprise en voyant surgir ici et là, comme par enchantement, sur la lisière sablonneuse qui avait toujours fait partie du domaine de l'Océan, des plates-bandes fleuries du plus gracieux aspect, des jardins potagers dont les productions ne sont certes pas dédaignées des amateurs.

Néanmoins, l'industrie agricole, bien que florissante à Biarritz, est loin d'être l'industrie dominante de la population. Et si c'est au sommet des falaises de la mer que les habitations ont été agglomérées de façon à y former aujourd'hui une charmante petite ville, cela vient d'abord de ce que les générations précédentes, adonnées à l'industrie de la pêche, avaient bâti leurs demeures auprès des flots auxquels elles demandaient leur pain de chaque jour ; ensuite, de ce que la génération actuelle, alléchée par les promesses de la vogue, promesses que la vogue a, du reste, toujours tenues, a voulu faire de Biarritz, sur le rivage de la mer, par des constructions aussi multipliées que gracieuses, un vaste et splendide établissement thermal qui n'eût pas de rivaux. Aussi, puisque Biarritz est à peu près exclusivement connu et apprécié de nos jours sous ce dernier point de vue, vous me permettrez bien de laisser de côté le point de vue et les descriptions agricoles, malgré leur incontestable mérite, et de vous initier désormais aux pittoresques aspects qui vont se dérouler à nos yeux non loin des bords de l'Océan.

Il y a plusieurs Biarritz dans Biarritz. Commençons par celui qui se présente le premier à nos regards. Celui-là c'est Biarritz-cohue, Biarritz-bruyant, j'aurais dit Biarritz-poudreux, si la sollicitude administrative n'avait pris depuis quelque temps la précaution d'enterrer la poussière de la voie sous une épaisse couche de mac-adam. Il s'étend depuis l'entrée du bourg jusqu'à l'édifice communal et porte un nom à lui ; j'ai désigné la *Place de Biarritz*. C'est là que, par suite d'un antique usage, la foule aime à s'entasser chaque jour après le coucher du soleil, et vient assister à la bruyante arrivée des nombreux appareils roulants qui sillonnent à chaque minute cet espace encombré de promeneurs. Là on s'observe, on se compte, on s'analyse, on se critique, on se mord; c'est une manière assez usitée de faire connaissance avec les nouveaux venus que le hasard envoie et qu'on ne verra plus demain.

Cela, c'est Biarritz en prose!

Mais certes, Biarritz possède aussi une grande et majestueuse poésie, que les âmes d'élite sentent et comprennent. A côté de Biarritz-cohue, il y a Biarritz silencieux et beau, et celui-là est vaste comme les horizons qu'il domine. Là on est seul avec la nature, seul avec les deux immensités de la mer et du ciel; là on aspire à plein souffle les émanations de l'Océan qui ont un parfum à elles; et les heures s'écoulent rapidement alors, calmes et sereines comme le ciel qui fait silence au-dessus de vos têtes, comme le flot qui s'endort à vos pieds.

Que voulez-vous? c'est celui-ci que je préfère; c'est de lui que j'aimerai souvent à vous entretenir.

Vers le milieu de son parcours, la *Place de Biarritz* offre vers le nord une large échancrure, dont le premier plan forme une promenade d'où l'œil embrasse les plus magnifiques horizons. En face de vous, ce sont de larges et splendides espaces de mer; à vos pieds, c'est une belle et vaste plage à laquelle conduit une rampe en pente assez douce, et qui est terminée à l'une de ses extrémités par la *Villa Eugénie* et ses dépendances, à l'autre par cette construction grandiose qui s'élève à votre gauche et dont les dispositions architecturales dénotent la destination, le *Casino*.

Cette plage, qui forme l'un des trois grands bassins adoptés à Biarritz par les baigneurs, n'a certes pas toujours été ce qu'elle est aujourd'hui. C'est qu'en effet Biarritz est un village à plusieurs éditions dont chacune a été revue, corrigée et considérablement augmentée à mesure que le besoin s'en faisait généralement sentir, et sans doute la dernière édition est loin d'avoir paru encore. Or, il est peu d'endroits où l'art ait aussi bien réussi à refondre les précédentes éditions et à corriger les petites maussaderies de la nature que sur la plage en question, qu'on nommait autrefois indifféremment *Côte du Moulin* ou *Côte des Fous*, et qu'on désigne aujourd'hui sous le nom bien plus gracieux de *Côte de l'Impératrice*.

La première de ces dénominations était due à la présence en ces lieux d'un antique moulin adossé à l'un des recoins de la plage. Son nom de *Côte des Fous* était tout simplement, j'imagine, une dénomination de thérapeutique, et signifiait, ou bien la confiance qu'avaient les gens du lieu dans l'efficacité des bains de cette côte pour la guérison des affections mentales, ou bien les heureux résultats déjà obtenus par la Faculté au moyen de ce traitement, dans les maladies de cette nature. La *Côte des Fous*, en effet, ouverte aux grandes lames par son exposition et son étendue, remplissait parfaitement plusieurs des indications prescrites dans les cas pareils ; et l'agitation de la mer, le choc et le brisement des vagues servaient aux malades de douches puissantes et continues. Dès que S. M. l'Impératrice a adopté cette plage pour ses bains de chaque jour, la voix publique n'a pas tardé à désigner celle-ci sous le titre auguste de la Souveraine, et le souvenir de ses anciens noms

s'efface rapidement sous l'influence de la faveur una-
nime dont jouit la dénomination nouvelle.

Grâce à une vigoureuse impulsion venue de haut,
la *Côte de l'Impératrice* est loin de ressembler aujour-
d'hui à ce qu'elle était autrefois ; et, pour ceux même
qui l'ont connue il y a quelques années, elle est parfaitement méconnaissable. Aride alors et ingrate aux
promeneurs, elle offrait une foule de petites dunes
incommodes dues à l'amoncellement successif des sables bouleversés par la mer ; et bien qu'elle fût parfaitement exempte, d'ailleurs, de ces galets qui meur-
trissent tant de pieds sur d'autres plages et que les
nôtres ont toujours ignorés, néanmoins, les jambes
peu exercées se fatiguaient vite à fouler ces sables
mouvants dont l'entassement prenait chaque jour des
proportions nouvelles. On en était réduit à longer le
bord des flots, où le sable humide et durci résistait
mieux à la pression des pieds ; et le reste de la plage
était abandonné, ce qui rétrécissait d'autant un lieu
de promenade qui pouvait être si beau. Çà et là enfin,
quelques ajoncs rabougris et des chardons nombreux
(ce qui constituait une inconvenance réelle) élevaient
auprès de vous leurs tiges amaigries.

La plage ancienne avait si peu de caractères de
confraternité avec la nouvelle, qu'on est tenté de
croire qu'un coup de baguette magique a fait une
substitution véritable de celle-ci à celle-là. Ou bien
encore, devant une substitution aussi rapide, chacun
se demande sérieusement si le vague souvenir qui lui
reste de l'ancien état de choses n'est pas tout simplement celui d'un rêve pénible et un peu long qui a
disparu pour faire place à la riante réalité. Quant à
ceux qui n'ont pas vu de leurs yeux la configuration

qu'avait le terrain autrefois, ils ne veulent pas croire
que la métamorphose ait été aussi prodigieuse et surtout aussi rapide ; auquel cas, disent-ils, ce serait une
œuvre féerique, ni plus ni moins. Féerique, soit !
Aussi bien, c'est un peu mon opinion.

Aujourd'hui, les dunes sablonneuses ont disparu ;
elles ont servi à combler les ravins sur lesquels
court la nouvelle route de Biarritz ; et la plage est
devenue une vaste et belle prairie protégée, du côté
de la mer, par plusieurs rangées d'ajoncs marins,
qui forment là comme un cordon sanitaire contre un
dangereux contact.

Ce n'est pas si mal déjà ; et ce n'est pas tout.

Au milieu du vert gazon qui tapisse le sol, circu-
lent des sentiers gracieux qui conduisent le promeneur jusqu'au pied de la villa ; et tout à côté, un charmant petit ruisseau coule doucement dans un lit qu'on
lui a fraîchement préparé, saluant de sa voix timide
le grand Océan qu'il ne côtoie qu'avec respect et qui
ne fait guère attention à lui, et n'abordant qu'en ca-
chette les larges eaux auxquelles il vient furtivement
se mêler.

Depuis que des travaux immenses ont fait de ce
vaste réservoir de sables un lieu de promenade digne
de rivaliser avec les promenades des champs, la vogue qui commençait à lui venir déjà, a pris des proportions formidables ; aussi n'est-il pas rare de voir à
la fois 200, 300 baigneurs y prendre leurs ébats dans
la mer, tandis que de tous les côtés se presse une
foule immense de spectateurs qui ont déjà pris leur
bain, ou qui le prendront à leur tour. Ce n'est pas un
des moindres agréments de cette plage que le bizarre
spectacle offert par cette multitude de baigneurs qui,

ballotés sans cesse par les flots agités, reçoivent avec une bonne grâce quelque peu équivoque parfois, les majestueux et fréquents soufflets que leur prodigue la vague, et font à la barbe des rieurs mainte chute contrainte sous cette flagellation répétée.

C'est à cette côte, je l'ai déjà dit, que S. M. l'Impératrice prend chaque année ses bains de mer. Durant son séjour à Biarritz, une tente d'une élégante simplicité est dressée pour elle sur le rivage, à peu de distance de la *Villa,* de façon qu'elle peut se baigner journellement presque sans sortir de ses domaines.

Ce gracieux édifice, de style mauresque et de création récente (1), qui s'élève plus près de nous sur la plage, c'est l'établissement des *Bains-Napoléon.* Je ne vous en ferai point ici la description détaillée, et il vous suffira de savoir en ce moment que, dans cette délicieuse construction, un goût intelligent a su marier, avec une habileté parfaite, l'agréable et le nécessaire, l'utile et le confort, les dispositions décoratives d'une autre époque et les modernes besoins de nos baigneurs. C'est à l'initiative municipale du lieu et à ses efforts persévérants qu'est due la création de ce bel établissement de bains ; et tout à l'heure, quand vous aurez vu, sur une autre plage de Biarritz, le *Port-Vieux,* s'élever aussi un nouvel édifice de destination identique et du plus remarquable aspect, qui n'existait pas hier, vous applaudirez de nouveau à pleines mains avec moi à l'initiative et aux efforts qui ont réalisé de pareilles œuvres.

Il y a certes loin de ces constructions élégantes,

___

(1) L'inauguration solennelle des *Bains-Napoléon* a eu lieu à Biarritz le 1er août 1858.

je puis dire somptueuses, aux simples tentes de toile blanche qui étalaient sur le rivage, il y a quelques trente ans, leurs pavillons coniques pour le service des baigneurs. A la tente de toile, le mouvement progresssif qui poussait toujours Biarritz en avant, fit succéder la baraque de bois, fort modeste d'abord, comme toute œuvre à son début, mieux installée ensuite, mais défectueuse toujours. Aujourd'hui la baraque elle-même a disparu, et à sa place, sur les plages étonnées, deux splendides monuments sont maintenant assis au bord des flots.

Tout à vos pieds, à l'extrémité inférieure de la rampe qui descend à la *Côte de l'Impératrice*, deux établissements de bains chauds se présentent à vos regards. Le *Port-Vieux* contient en outre un troisième établissement de même nature. C'est qu'on a pourvu, à Biarritz, aux exigences de toutes les constitutions; de telle sorte que celles dont les bains froids pourraient compromettre l'économie, n'ont qu'à formuler un souhait pour voir l'eau de mer s'élever aussitôt en leur faveur à la température préférée. Eminemment hygiénique, le bain chaud d'eau de mer naturelle, ou mélangée d'eau de source dans les proportions voulues, est considéré en thérapeutique comme un agent d'une grande puissance dans le traitement de plusieurs maladies. Mais n'ayant point diplôme pour vous exposer *ex-professo* les éminentes propriétés qu'on lui attribue, je me bornerai simplement à dire que Biarritz possède aujourd'hui tout un système de bains de nature et de qualités différentes, parfaitement approprié aux convenances du baigneur, et dont il serait sans doute difficile de trouver, dans aucune autre localité balnéatoire, les divers éléments aussi complètement utilisés.

Sur la falaise qui ferme la plage du côté de l'ouest s'élève le *Casino*, œuvre à la membrure colossale et distribuée cependant dans les plus délicates proportions. Née d'hier, cette construction magnifique offre de toutes parts à l'œil de fabuleux développements. Tout ce qu'il a fallu d'efforts, d'art et de persévérance pour asseoir ce monument au caractère grandiose sur les dunes sablonneuses et les escarpements difficiles qui formaient autrefois le terrain sur lequel il est maintenant assis, je renonce à le dire, car je n'y suffirais pas. Du reste, la baguette magique dont je parlais tout à l'heure opère journellement à Biarritz des choses si merveilleuses, si impossibles, que je vous donne le conseil de ne plus vous étonner de rien ; ce serait trop souvent à recommencer.

En voulez-vous une nouvelle preuve ?

CHAPITRE VII.

Ce qu'était autrefois le plateau sur lequel est assise la *Villa Eugénie.*—Immenses travaux accomplis dans une année.— Alentours de la Résidence Impériale. — Différents corps de bâtiment du domaine. — Aspect général de la *Villa Eugénie.* — Description extérieure de l'édifice. — Distribution intérieure.

Depuis la falaise qui sert de base au *Casino* jusqu'au cap *Saint-Martin,* que surmonte le phare de Biarritz, la plage trace un arc immense dont le bord de la mer forme plus ou moins correctement la corde. Représentez-vous, au centre, un pâté de rochers et de collines sablonneuses qui, reliant l'arc à la corde, le scinderait en deux parties en s'avançant jusqu'à la mer ; petit cap dont les flots baignent le pied quand la marée est haute, et qu'on ne peut doubler que lorsque le flot s'est retiré. Voilà ce que l'on voyait il y a quelques années à peine. Aujourd'hui c'est sur ce pâté de roches et de sables qu'est assise la *Villa Eugénie;* et c'est la partie de la plage qui de là s'étend vers l'ouest jusqu'au pied du *Casino* que l'on nomme la *Côte de l'Impératrice.*

Que de fois j'ai gravi à d'autres époques le rocher solitaire qui porte aujourd'hui le château impérial! Que de fois, pour contempler de magnifiques aspects, j'ai passé de longues heures sur le monticule sablonneux qui dominait le rocher! Et si quelqu'un en ce temps-là m'eût annoncé les destinées futures de cet humble promontoire si peu apprécié jusqu'alors, bien sûr j'eusse hoché la tête avec incrédulité, ou du moins je n'eusse pas manqué de dire : « Qu'il y a loin d'ici là! »

D'ici là, il allait y avoir une année.

Dans son premier voyage à Biarritz, ainsi que je l'ai dit plus haut, l'Empereur, dont toutes les promenades sont des études sérieuses, dont les délassements sont toujours entremêlés de recherches et d'observations utiles, comprit tous les résultats précieux qu'on pouvait tirer de ce coin de terre abandonné. Sa pensée y creusa d'avance les fondements de la résidence qu'il voulait y élever, et conçut le tracé de la voie nouvelle qui devait réformer la route primitive de Bayonne, si défectueuse vers la fin de son parcours, et relier la *Villa Eugénie* à Bayonne et à Biarritz. C'était une superbe conception, un véritable coup-d'œil de maître; il donna ses ordres et partit.

Dans l'espace d'une année, la haute colline que je mentionnais il y a un instant, et qui eût intercepté la vue du phare et des hauteurs voisines, était aplanie; les parties basses du terrain étaient élevées à une respectable hauteur au moyen de remblais immenses; des blocs énormes étaient déplacés par la mine et réservés pour servir de soutien à la terrasse qui longe la mer, et de toutes parts des routes sillonnaient les terrains rapportés. Dans le cours de cette année, une masse prodigieuse de matériaux avait été transportée sur les lieux, par terre et par mer, du nord et du midi, et la *Villa Eugénie* s'élevait par enchantement sous une direction active et intelligente ; de sorte qu'au bout de douze mois à peine après la première ouverture des travaux, il ne restait plus, pour ainsi dire, que le dernier coup de pinceau à donner, et que LL. MM. pouvaient déjà venir passer quelques jours dans leurs domaines. Certes, je n'entreprendrai pas de dire ce qu'il a fallu bouleverser de terrains et remuer de pierres pour achever l'œuvre. Comment, en si peu de temps, une telle œuvre a pu être terminée, je ne chercherai point à l'expliquer non plus ; j'aime mieux m'en tenir à mon opinion de tout à l'heure, et répéter encore : « C'est féerique ! »

A la place qu'occupait le monticule sablonneux d'autrefois, on voit maintenant, auprès de l'habitation impériale, une verte pelouse sillonnée de sentiers qui se croisent en tous sens et aboutissent à la grande cour du château. Tout à côté, une vaste plantation d'arbres commence à s'élever et réalisera plus tard, je l'espère et d'autres l'espèrent comme moi, une des plus chères espérances de Leurs Majestés. Cette plantation se compose de tamaris, de pins maritimes, d'ifs, de cèdres, de bouleaux, de genevriers de la Chine, de sapinettes du Canada, etc., arbres toujours verts, qui affectionnent ces rivages et y acquièrent souvent de fort belles proportions.

Quand on se dirige de Biarritz vers la villa, différents corps de bâtiment se présentent successivement au promeneur. A l'entrée du domaine, ce sont d'abord deux gentilles constructions à quatre faces, d'une architecture correcte et presque identique, destinées, l'une au logement du commandant, l'autre à celui du concierge de la *Villa Eugénie*. Un peu plus loin, sur la droite, s'élèvent les écuries et les remises des équipages de LL. MM. Elles forment un vaste bâtiment, flanqué de deux ailes moins élevées que le corps principal. Celui-ci est destiné aux chevaux et renferme les greniers à fourrages ; les voitures sont remisées dans les ailes. Près de là, on voit les baraquements des troupes qui font le service d'honneur de la villa pendant le séjour de LL. MM. ; parfois, quand ils ne suffisent point, on dresse à côté quelques tentes supplémentaires qui donnent à ce lieu le gracieux aspect d'un camp expéditionnaire en miniature. Plus bas enfin, un gracieux châlet nous rappelle, par son architecture, les habitations alpestres : c'est la demeure du jardinier du château, construite avec un goût exquis.

En face, et dominant la mer, la *Villa Eugénie* se dresse devant nos yeux.

La résidence impériale se composait primitivement d'un corps de bâtiment dont une face regardait la mer, et vers le sud de deux ailes en retour encadrant la cour d'honneur. A cette première disposition de l'édifice, on a ajouté aujourd'hui la construction d'une troisième aile, formant aussi retour vers le midi, et qui, mesurant moins de longueur que les deux autres, ne s'élèvera que d'un premier étage, afin de ne point dérober à l'aile du milieu les perspectives du côté de l'est. On dit que cette construction nouvelle est destinée à contenir désormais les appartements de l'Empereur et de l'Impératrice. Mais en attendant que les travaux entrepris s'achèvent et que leur destination future se révèle à nous par les faits, je me bornerai à vous décrire celle qu'avaient jusqu'ici les différentes parties du monument, tel qu'il a été conçu et édifié en premier lieu, c'est-à-dire avec un corps principal regardant la mer et deux ailes en retour vers la terre.

Le style adopté par l'architecte est celui de Louis XIII, c'est-à-dire de la dernière période de l'époque de la Renaissance. La nature des matériaux auxquels il devait recourir lui recommandait ce style, qui exige l'emploi de la brique et de la pierre, et qui lui permettait d'ailleurs de produire dans l'édifice des effets d'art du meilleur goût. Le plateau sur lequel la villa est assise est élevé de douze à quatorze mètres au-dessus du niveau de la mer; les constructions sont de trente-cinq mètres en arrière du rivage, et l'espace intermédiaire forme une magnifique terrasse obtenue au moyen d'un puissant remblai de plus de huit mètres de profondeur, et terminée, du côté du château, par un superbe perron sur lequel ouvrent les salons du rez-de-chaussée. La façade de la mer se termine à ses extrémités par deux beaux pavillons à pans coupés, qui présentent à la hauteur du premier étage deux légers balcons, reliés entr'eux par une longue galerie sur laquelle donnent de plein-pied les appartements de l'Empereur. La façade de la cour d'honneur offre, au centre, un élégant pavillon au-dessus duquel figure le motif de l'horloge; un vaste balcon domine la porte principale d'entrée. L'aspect général de la résidence impériale est imposant; en même temps l'œil est agréablement flatté de l'heureuse nuance formée dans la construction par l'assemblage des briques roses et des pierres blanches qu'on y a unies avec beaucoup de goût, ainsi que des détails gracieux que l'art a semés çà et là dans les plus aimables proportions. La face principale des pavillons placés à l'extrémité des ailes présente des arrière-corps ornés de bustes et de médaillons d'une composition remarquable. Le rectangle formé par l'ensemble de l'édifice mesure quarante mètres de côté; la cour d'honneur comprend une superficie de vingt et un mètres carrés.

Franchissons maintenant, si vous le voulez bien, les portes de la villa, et examinons les dispositions principales de la distribution intérieure.

Au fond de la cour d'honneur, quelques degrés de pierre conduisent au péristyle qui précède la grande entrée du salon principal et à droite duquel se trouve le grand escalier. A gauche, voici la salle d'attente, dite *Salle des Gardes*. En face, c'est le grand salon de réception avec sa vaste et superbe enceinte; il est encadré, du côté gauche, par la salle à manger, du côté droit, par le salon de famille, auquel est attenant le cabinet de travail de l'Empereur. Du côté de la mer, le grand salon s'ouvre sur la belle esplanade dont je vous ai parlé plus haut, et d'où l'œil embrasse tous les points de l'horizon.

Le premier étage de ce même corps de bâtiment contient les appartements de LL. MM. C'est d'abord, dans le pavillon de gauche, la chambre de S. M. l'Impératrice, d'où le regard plonge à la fois, et sur le village échelonné devant vous et sur la foule des baigneurs barbottant en quelque sorte à vos pieds dans les flots. De là, vous pouvez contempler encore un

horizon d'un rayon immense, et embrasser d'un coup
d'œil l'espace qui s'étend depuis les sables des Landes et l'embouchure de l'Adour jusqu'au cap Machi-
chaco, lequel forme pour nous dans l'ouest l'angle extrême de la côte espagnole. A la droite de la chambre de l'Impératrice se trouve le cabinet de toilette
de l'Empereur, suivi de la chambre de S. M. A la suite
des appartements de l'Empereur, on voit la chambre
de service du Prince Impérial, et enfin la chambre
du jeune Prince lui-même.

Un rez-de-chaussée, un entresol et un étage supé-
rieur forment la distribution des deux ailes. Celle de
l'ouest contient, au-dessus des cuisines, les chambres
destinées à la domesticité du château ; le premier étage
en est occupé par les appartements des dames de la
maison de l'Impératrice. Celle de l'est est occupée ,
dans sa partie inférieure , par les logements des
garde-meubles et autres officiers du même ordre, et
dans sa partie supérieure, par les appartements destinés à recevoir la maison de l'Empereur.

Il y a quelques années, le long du rocher sur lequel est assise aujourd'hui la *Villa Eugénie,* courait
un petit filet d'eau obscur et ignoré, venu je ne sais
d'où, lequel, après avoir fourni une courte et timide
carrière dans le creux des pierres qui lui servaient de
lit, allait se perdre bientôt dans les sables voisins. Le
modeste filet d'eau a été recueilli avec soin , et réuni
à quelques sources des environs qui sont volontiers
devenues tributaires de l'impériale résidence, il a
l'honneur de fournir sa large part aux réservoirs importants qui distribuent aujourd'hui leurs eaux dans
la *Villa Eugénie.*

Voilà le séjour auquel Leurs Majestés Impériales

viennent demander chaque année quelques heures de
distraction à leurs préoccupations habituelles. Voilà
l'habitation majestueuse à laquelle l'ombrage des plantations voisines qui commencent à grandir enlèvera
bientôt le caractère trop sérieux qu'elle emprunte à
la gravité des spectacles de l'Océan ; voilà la *Villa
Eugénie*. L'humble rocher des dernières années a fait
place au palais de maintenant ; au silence qui régnait
autrefois en ce lieu ont succédé le bruit, le mouvement, les fêtes ; cette nature morte s'est réveillée de
son long sommeil. Et que de bénédictions ont accueilli
cette résurrection inespérée !

CHAPITRE VIII.

—◦✲◦—

———◦✕◦———

Descendons la rampe qui, de la place de Biarritz, conduit à la côte de l'Impératrice, et engageons-nous dans ce gracieux chemin qui longe les pieds du *Casino* et, contournant la falaise, court ensuite vers l'ouest dans une direction presque horizontale. Il nous mènera sans fatigue, et à travers mille perspectives variées, jusqu'à des lieux privilégiés où le promeneur et le curieux se contentent d'admirer de ravissantes merveilles, mais d'où le chroniqueur saura bien évoquer quelques vieux et intéressants souvenirs.

Mais voici que déjà le chemin dans lequel nous nous sommes engagés débouche sur une vaste place au delà de laquelle nous le retrouverons tout à l'heure.

C'est la *Place Neuve*. A un angle de celle-ci s'élève
un édifice religieux de date récente; plus au centre,
une fontaine monumentale verse une eau abondante
par les conques de ses tritons; aux deux côtés de la
place, une double rangée de maisons et d'hôtels a été
édifiée comme par enchantement.

La Place Neuve s'ouvre, au nord, sur un magnifique horizon de mer de plusieurs lieues d'étendue.
Constamment caressée par la brise du large dont rien
ne peut intercepter le vol, elle est appelée à devenir
une délicieuse promenade pour le soir; elle rempla-
cera certainement avec avantage celle qu'ont adoptée
jusqu'à ce jour, à l'entrée de Biarritz, la curiosité et
l'habitude, et qui a sur la conscience le nombre incalculable de catharres poudreux qu'elle a causés.

Tout ici est de création moderne, et l'emplacement occupé par la Place Neuve ne ressemble certes
en aucune façon à ce qu'il était il y a seulement quelques années; car il est difficile de s'imaginer aujour-
d'hui qu'il n'y avait alors là qu'un ravin profond
s'étendant du chemin du Port-Vieux à la mer, et des-
cendant vers celle-ci par des pentes abruptes, le long
desquelles serpentait un sentier impossible. Ceci, c'est
de l'histoire d'hier; et pourtant, en regardant autour
de moi à cette heure, je crois rêver.

Tout cela est bien changé, n'est-ce pas? Mais je ne
vous ai pas tout dit; asseyons-nous un instant sur le
banc voisin, et faisons un peu d'histoire. Dans ce moment, si vous le voulez bien, je vous dirai celle de
la chapelle *Sainte-Eugénie*, qui se dresse devant nous.
Pour arriver à bon port, il me faudra sans doute ressusciter à vos yeux des choses qui n'existent plus aujourd'hui; mais comme leur souvenir nous révèle

un côté intéressant de l'histoire locale et vous représentera parfaitement la physionomie qu'avait alors la population maritime de Biarritz, j'aime à penser que mon récit ne lassera pas l'attention que vous voulez bien me prêter depuis le commencement de nos causeries.

Je reprends les choses d'un peu haut ; mais rassurez-vous, j'arriverai.

En voyant Biarritz si complètement absorbé aujourd'hui par les préoccupations industrielles, on a peine à croire que sa population, à une époque assez rapprochée de nous encore, ne connaissait guère qu'une industrie, la pêche, qu'un seul métier, celui de marin. Reportez-vous un instant à cette dernière époque ; alors Biarritz, comme tous les villages du bord de la mer, avait près du rivage ses sanctuaires bien-aimés : sanctuaires humbles et pauvres comme ceux dont ils consolaient si souvent les misères, mais entourés par tous de la vénération la plus profonde et la plus touchante ! Vous le savez, tous les jours aux prises avec la mort, le marin, plus que tout autre, sent le besoin de placer son existence aventureuse sous la protection du ciel, et toujours près des plages on voit s'élever de nombreuses et modestes chapelles consacrées à la sainte patronne des marins, Notre-Dame-de-Pitié, Notre-Dame-de-Bon-Secours, Notre-Dame-de-Délivrance ou Notre-Dame-de-la-Garde.

Indépendamment donc de sa belle église paroissiale, où je vous conduirai dans quelques instants, Biarritz possédait aussi ses sanctuaires de la mer. Ses enfants avaient voulu qu'à côté de leurs barques et de leurs flots, il y eût une bénédiction sensible, quelques lieux sanctifiés qui fussent les dépositaires de leurs prières au départ, de leurs actions de grâces au retour. C'est ainsi qu'ils avaient consacré à Notre-Dame-de-Bon-Secours une chapelle qui s'élevait autrefois sur l'emplacement occupé aujourd'hui par l'édifice communal ; et à Notre-Dame-de-Pitié un autre sanctuaire, situé tout auprès du Port-Vieux et qui a été détruit après l'érection de la chapelle Sainte-Eugénie, pour faire place à une habitation particulière.

C'était dans la chapelle de Notre-Dame-de-Pitié qu'étaient déposés les cadavres que la mer avait engloutis et qu'elle rejetait sur la côte ; les pieux marins confiaient ainsi à la garde de leur auguste patronne les restes de leurs frères qui avaient péri dans la tempête. Notre-Dame-de-Bon-Secours était la patronne des marins voyageurs. Ils s'adressaient à elle au milieu des fureurs de l'orage ; c'est à elle qu'ils faisaient vœu, si elle les gardait de mal, de se rendre au retour dans son sanctuaire, et là, pieds nus et un cierge à la main, de lui rendre solennellement grâces devant tous. Et souvent il fut fait ainsi.

Or, cette chapelle fut un jour témoin d'une touchante scène : je ne résiste pas au plaisir de vous la raconter, bien que mon histoire remonte à quelques années déjà.

C'était en 1813. L'armée française d'invasion opérait son mouvement de retraite d'Espagne en France. Dans la nuit du 2 au 3 septembre, elle embarqua au fort Socoa (1) 400 de ses blessés qu'elle dirigea vers

(1) Forteresse française bâtie au bord de la mer, à l'une des extrémités de la baie de Saint-Jean-de-Luz et tout auprès de la frontière d'Espagne.

Bayonne sur neuf trincadoures et un chasse-marée. Le temps était orageux et la mer très-houleuse ; les bâtiments naufragèrent près de l'embouchure de l'Adour, mais tous les blessés furent sauvés par le courage de plusieurs marins et transportés à Bayonne. Une trincadoure seule put se dérober à la tempête et aborder à Biarritz avec son précieux chargement de soldats blessés. Aussitôt les habitants s'empressent de les transporter dans la chapelle de Notre-Dame-de-Bon-Secours, où affluent bientôt tous les objets nécessaires au soulagement de ces malheureux, linge, charpie, matelas, que sais-je ! Chacun veut fournir sa part à l'œuvre de charité ; les basses-cours ne sont pas épargnées, et un excellent bouillon, accompagné d'un vin généreux, est distribué aux pauvres gens. Il y en avait parmi eux dont les plaies avaient besoin d'un pansement nouveau et immédiat ; mais dans la foule il ne se trouvait pas de chirurgien. Le vénérable curé du lieu, M. Manesca, en fit l'office, et sa main lavait les blessures et réparait les bandages, tandis que ses bonnes paroles donnaient du cœur à tous ceux qui souffraient. Bref, pour couronner dignement leur excellente œuvre, nos habitants ne voulurent pas que les blessés fussent transportés à Bayonne sur des chars, dont les cahotements eussent pu augmenter leurs souffrances ; et après avoir improvisé des brancards en nombre suffisant, ils portèrent les blessés à bras d'hommes au lieu de leur destination.

La chapelle de Notre-Dame-de-Pitié s'en allait en lambeaux, et celle de Notre-Dame-de-Bon-Secours était détruite. Alors la réédification de la première fut décidée, et en 1835 elle fut reconstruite sous le vocable de Notre-Dame-de-Bon-Secours qu'elle a conservé jusqu'à sa destruction, accomplie il y a environ deux années. Longtemps elle avait été humble et pauvre comme la population qui l'entourait; quatre murs dépouillés, un modeste autel, une image de la madone grossièrement sculptée, c'était tout. Après les restaurations relativement importantes qui y furent opérées, le petit sanctuaire reprit couleur et vie. Indépendamment des réparations extérieures, on promena quelque peu aussi au dedans le pinceau restaurateur; l'autel fut orné et rafraîchi, quelques décors parsemèrent la voûte, et la chapelle devint, sinon riche, propre du moins dans sa simplicité.

Cependant la population flottante de Biarritz prenait, d'année en année, un accroissement considérable, et l'antique chapelle ne suffisait plus à contenir la foule qui accourait chaque dimanche aux saintes cérémonies. Aux jours des fortes chaleurs, les fidèles entassés dans l'étroite enceinte n'aspiraient qu'une vapeur asphyxiante; on en était réduit à faire suivre à l'église un meuble qui ne paraît pas fait pour cette destination, et le cliquetis des éventails se faisait entendre de toutes parts durant les offices religieux. La situation était intolérable, et les vœux de tous aspiraient à l'érection d'un édifice nouveau, plus en harmonie, par l'ampleur de ses proportions, avec l'importance actuelle de Biarritz.

L'administration locale comprit qu'il était temps de songer aux grands sacrifices et d'appliquer une vigoureuse saignée à ses veines administratives; et, grâce à de robustes efforts, grâce aussi à la munificence du Souverain, elle a doté le pays d'un monument vaste et élégant, qui offre sans parcimonie à la foule de l'espace et de l'air. L'inauguration solennelle de l'édifice a eu lieu dans le courant de l'été de 1856; quant à sa dénomination, la voix publique avait prévenu le choix des édiles du lieu, et elle fut placée sous le patronage de sainte Eugénie.

La chapelle *Sainte-Eugénie* est bâtie dans le style roman, et forme un parallélogramme assez vaste, terminé par une abside semi-circulaire qui contient le maître-autel et le chœur. Elle a trois nefs; dans chaque nef on compte quatre travées. L'abside a une voûte de briques en cul-de-four; les nefs sont lambrissées dans leur partie supérieure. A la grande voûte est suspendu un gracieux petit navire, symbole que les habitants du littoral aiment à multiplier dans leurs églises. Le marin comprend mieux que personne cette signification de la vie agitée de l'homme; et il aime ce rapprochement qui lui rappelle la profession tant aimée, les dangers qu'il sait si noblement courir. L'édifice a une apparence assez monumentale à l'extérieur; il est soutenu par plusieurs contreforts dont la construction à la fois légère et solide lui donne un certain cachet d'élégance et lui promet plus longue vie.

Puisque me voilà en train de faire un cours d'archéologie religieuse, puis-je ne pas consacrer ici quelques mots à l'église paroissiale de Biarritz, dont l'antique origine et les proportions élégantes m'ont toujours fait regretter de ne pas la voir inscrite au nombre des monuments historiques de France.

Elle s'élève à 1,500 mètres environ des bords de la mer. Sa fondation remonte à l'époque de la domination anglaise dans la Gascogne, qu'Eléonore de Guienne, fille de Guillaume X, avait apportée en dot à Henri, duc d'Anjou, depuis roi d'Angleterre, et qui a appartenu aux Anglais durant une période de 300 années, depuis 1153 jusqu'en 1451. Le choix d'un emplacement situé dans l'intérieur des terres pour l'érection de l'édifice religieux s'explique, ou par l'utilité qu'il y avait pour les habitants à ce qu'il fût placé plus au centre de la paroisse qui s'étend encore bien au delà, ou par le désir de le soustraire aux profanations des Normands qui, durant leurs démêlés avec l'Angleterre, devaient sans doute envahir et piller souvent les ports du littoral, ainsi que le prouvent certains indices que nous aurons lieu d'examiner plus tard. La distance qui sépare le bourg de l'église est aujourd'hui très-peu onéreuse pour les jambes les plus vulgaires, grâce au Cours délicieux qui réunit l'un à l'autre. S'ouvrant à l'entrée de Biarritz et de création toute récente encore, le *Cours du Prince Impérial,* avec ses trottoirs et sa double rangée d'arbres, dont la précoce vigueur donne de belles espérances, vous conduit doucement et sans fatigue au terme de votre promenade. Là, un nouveau chemin s'offre à vous pour le retour, formant avec le premier un angle assez ouvert au sommet duquel s'élève l'église du village, et qui vous ramène chez vous, toujours à travers les champs et la verdure ; il porte un nom gracieux, c'est le *Chemin des Champs.*

Il est souverainement regrettable que l'église de Biarritz ne présente à l'extérieur qu'une masse d'une architecture fort peu avouable, et sous laquelle des réparations successives, rendues sans doute forcément incomplètes par le défaut de ressources financières, forcément inintelligentes par le défaut de connaissances spéciales, ont totalement décoloré l'aspect primitif que devait présenter le monument à l'époque de sa fondation. Ne jugez donc pas encore, et franchissez le seuil du porche ; en face, une belle porte ogivale vous ouvre l'entrée de la principale nef ; à droite et à gauche deux portes beaucoup plus modestes donnent accès dans les nefs latérales. Vous voilà en présence d'une vaste enceinte que plusieurs piliers à arcades ogivales partagent en trois nefs. Bien que dépourvu de ces riches détails d'ornementation dans lesquels les artistes du moyen-âge imprimaient si admirablement les inspirations de leur génie, l'édifice frappe d'autant plus au premier abord les regards du visiteur qu'il est infiniment rare de trouver au milieu des campagnes, et même au sein de beaucoup de villes, des monuments religieux de cette ampleur de formes et d'une architecture aussi antique et aussi complète. Si je ne me trompe, l'église *Saint-Martin* de Biarritz offre au moins le caractère de deux des grandes périodes de l'art ogival. Sans chercher en ce moment d'autres preuves, je crois que l'angle mesuré par l'ouverture des arcades, ainsi que les colonnettes et les baguettes qui grimpent le long des piliers. indiquent assez clairement la deuxième et la troisième époque de l'art.

Au-dessus du lambrissage de l'abside, on lit cette date : 1776. Il faut rapporter à cette époque l'établissement du maître-autel, don généreux d'un habitant de Biarritz, qui, après avoir fait en Amérique une fortune qu'il n'avait sans doute pas osé rêver, voulut que l'église du village natal portât l'empreinte de sa reconnaissance à Dieu. A ce premier don, il ajouta celui de plusieurs objets précieux, entr'autres

de la lampe d'argent qui brille encore dans le sanctuaire.

Suivant l'usage du Pays Basque, des tribunes latérales s'étaient implantées contre les murailles pour y
recevoir durant les offices religieux la partie masculine
de la population. Grâce à une innovation du meilleur
goût, elles ont été transportées en 1846 le long du
mur intérieur de façade regardant le sanctuaire ; établies principalement en forme d'amphithéâtre pour
que chacun puisse jouir de la vue des cérémonies
saintes, elles permettent à l'édifice de s'offrir aux
yeux sous une forme bien plus dégagée.

J'abrége, afin de ne pas étourdir plus longtemps
vos oreilles complaisantes par l'exposé de tous les
détails architectoniques que comporte un édifice de
ce genre. Mais peut-être, par le peu que je vous ai
dit, pensez-vous maintenant comme moi que l'église
Saint-Martin de Biarritz, considérée au double point
de vue de l'époque de sa fondation et de ses caractères architecturaux, mériterait bien de prendre part
dans le catalogue des monuments historiques de
France.

Nous avons beaucoup bavardé jusqu'à cette heure.
Hâtons-nous donc de traverser la Place Neuve, au
delà de laquelle nous retrouvons le gracieux chemin qui nous y a conduit, et qui doit maintenant nous
mener plus loin et plus haut. Jetez en passant un
coup-d'œil sur ce groupe bizarre de rochers aux formes capricieuses, que la mer recouvre en partie aux
heures des hautes marées et qu'elle laisse à sec pendant plusieurs heures au moment du reflux. Il occupe
tout l'espace compris entre la *Côte de l'Impératrice*
et le *Port des Bateaux*, et forme plusieurs petites

anses qui ont chacune leur nom : la *Petite-Côte*, la *Chinaoue*, le *Bassin*, que sais-je encore? A l'heure où le flot s'est retiré, il est facile de parcourir à pied sec le rivage à travers ce curieux fouillis de rochers, et, pour beaucoup de personnes, la *Promenade des Roches* est la promenade préférée du matin. Alors on recueille çà et là les petits coquillages apportés par la vague, on donne la chasse aux petits poissons oubliés par la mer dans quelque mince creux de rocher; alors on gambade sur le sable si fin, on saute d'un rocher sur l'autre afin de se mouiller un peu les pieds en témoignage de l'excursion, et l'on s'en revient au logis, frais et dispos, parfumé de senteurs marines, et l'appétit parfaitement ouvert.

Ce large promontoire qui s'élève devant nous sur sa base de rochers et que surmonte une grande croix de bois, c'est l'*Atalaye*, dont j'aurai beaucoup à vous parler tout à l'heure. Plus près de vous, cette profonde découpure du promontoire au fond de laquelle huit à dix barques sèchent au soleil, c'est le Port des Bateaux avec ses embarcations de pêche. Port bien humble en vérité! flottille bien déchue! Mais Biarritz a changé de toilette en changeant d'industrie, et la vareuse du marin ne figure plus guère qu'à l'arrière-plan aujourd'hui, là où elle régnait autrefois en souveraine.

Encore quelques pas; nous voilà parvenus sur l'Atalaye.

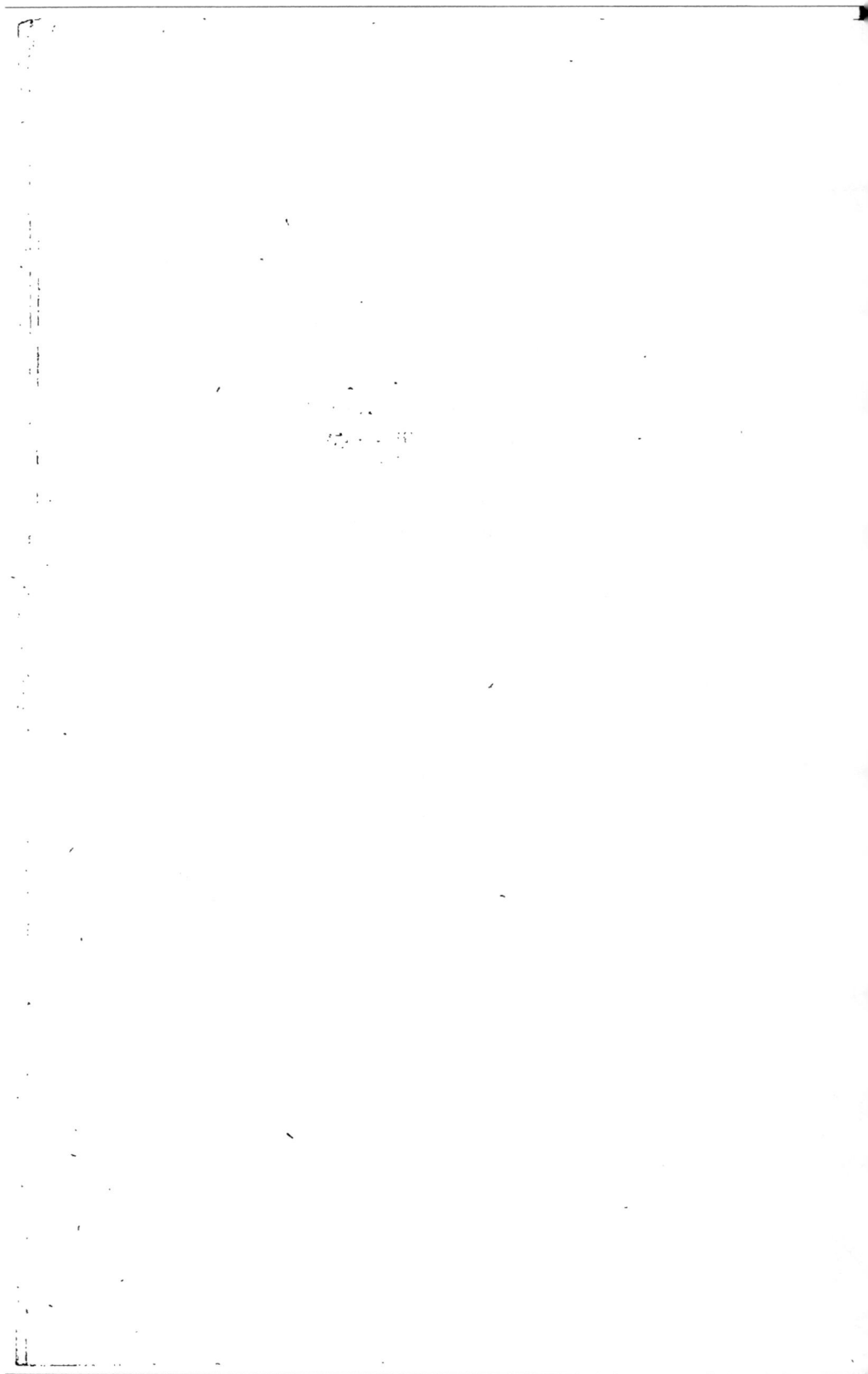

CHAPITRE IX.

———

L'Atalaye. — Splendeur du point de vue dont on y jouit. — La côte Espagnole et la côte Française.—Une histoire d'un mot. — Une tempête. — L'Atalaye en un jour de tempête.

Les savants, comme c'est leur habitude, ont fouillé dans les vieux et gros livres pour y trouver l'étymologie du mot *Atalaye*, et certains en ont voulu faire un mot d'origine arabe. Ne pouvant pas vérifier, parce que j'ai le malheur d'ignorer la langue arabe et que certes je ne suis pas savant, je dois m'incliner devant cette interprétation étymologique. Mais à bien considérer les choses, est-ce qu'il est besoin d'aller chercher au loin ce que l'on peut trouver tout près de soi ; et pourquoi ne pas vouloir tout simplement que le nom d'*Atalaye* vienne du mot basque *Atalay*, qui signifie *observatoire, vigie*. Dans tout le Pays Basque, ce nom est souvent donné aux maisons qui sont situées sur les hauteurs ; de plus, dans les villages basques du littoral voisin, les indigènes ont uniformément appliqué cette dénomination aux lieux élevés sur lesquels ils se rendent d'habitude pour observer la mer. Cela m'explique suffisamment comment le même nom donné à ces hauteurs de Biarritz doit avoir la même origine de langue ; et je trouve là une preuve nouvelle que Biarritz a été pendant plusieurs siècles un village euskarien. Je vous raconterai tout à l'heure l'histoire de ce plateau, dont les habitants avaient fait à une autre époque l'*Observatoire* permanent d'où ils consultaient la mer et écoutaient au loin si les bruits que le vent leur apportait étaient des bruits de paix ou de guerre.

L'Atalaye, l'observatoire, a été parfaitement nommée, car c'est le plus splendide lieu d'observation que je connaisse ; et l'on dirait que la nature s'est plu à asseoir ainsi ce promontoire en avant dans la mer, afin que l'œil du spectateur puisse embrasser à la fois sans fatigue tous les points de l'horizon. Aussi vous me permettrez bien, avant d'entreprendre les récits belliqueux que quelques-unes de mes paroles viennent de vous faire pressentir, de parcourir avec vous du regard le vaste cercle que nous dominons du haut du plateau. Le ciel est pur, la mer est belle, nous ne perdrons aucun détail du vaste et majestueux tableau.

En face d'abord, c'est une immense étendue de mer, un horizon de vagues calmes et bleues ; on dirait un gigantesque saphir, chatoyant de mille brillants reflets sous les rayons du soleil. De loin en loin, la couleur azurée des flots est coupée par les blanches voiles des navires qui regagnent le port ou qui s'en vont dans la haute mer.

Le vent des montagnes a chassé les brouillards dont elles s'étaient voilées ; on dirait qu'elles se sont rapprochées de nous, et nous pouvons en compter à l'aise toutes les découpures. Sur notre gauche, elles forment une chaîne dont le développement considérable s'étend jusque bien avant dans la mer et forme, avec le prolongement de la côte française qui lui fait face, ce fameux et redoutable entonnoir du golfe de Gascogne, l'effroi des navigateurs par son humeur inconstante, et au fond duquel la barre de Bayonne est battue par des flots qui grondent toujours (1). Là, c'est le cap Figuier qui nous cache l'entrée du port des Passages, vaste baie espagnole où les navires forcés d'y relâcher pendant la tempête trouvent un asile sûr ; et de celui de Saint-Sébastien, la jolie ville qui peut mériter à juste titre par ses allures le nom de ville franco-espagnole.

Plus près de nous, au pied de cette large montagne dont la mer baigne la base, c'est l'embouchure de la Bidassoa, la rivière fameuse dans les annales de nos frontières, et au sein de laquelle s'élèvent les restes de ce qui fut autrefois l'Ile-des-Faisans.

Cette forteresse que l'œil aperçoit ensuite et qui semble sortir du sein de l'Océan, c'est le fort Socoa, que la France a construit en ce lieu pour garder les abords de sa frontière maritime. On y admire un quai de magnifique construction, destiné à briser l'effort des lames toujours violentes sur des lits de rochers, et à permettre aux petits navires chassés par l'orage de pouvoir relâcher dans la crique située derrière le fort et dans laquelle un grand nombre d'hommes ont trouvé un salut dont ils avaient souvent désespéré.

Voyez-vous cette grande baie qui s'étend depuis le

---

(1) J'ai déjà parlé des travaux considérables qui sont en ce moment en cours d'exécution à l'entrée du port de Bayonne, et dont on attend les meilleurs résultats.

fort Socoa jusqu'à ce village dont les maisons sont
échelonnées là-bas sur la falaise. C'est la baie de
Saint-Jean-de-Luz, la ville euskarienne, port brillant
autrefois dans le Labourd et du sein duquel des flottes nombreuses et bien équipées s'élançaient pour
combattre des flottes ennemies, ou courir à la poursuite des baleines dans les eaux du golfe et plus
tard sur les côtes d'Islande et du Groënland. Saint-
Jean-de-Luz parle avec orgueil aux étrangers de ses
souvenirs historiques, et leur offre une vaste et belle
plage pour prendre leurs bains de mer. Le village
que je viens de citer, c'est Guéthary dont les blanches habitations annoncent la transformation à laquelle est parvenue cette petite localité, autrefois
très-pauvre, et qui maintenant offre aussi un asile
et ses bains de mer à cette fraction des promeneurs
ou des infirmes que l'encombrement fatigue, et qui
viennent demander au solitaire village un repos plus
réel ou une guérison moins bruyante. La plupart
des enfants de Guéthary sont marins; pendant plusieurs mois de l'année, bon nombre s'en vont demander les ressources qui doivent faire vivre leurs
familles aux navires armés pour la pêche de la mo-
rue; et de retour au village, ils utilisent leurs journées à la petite pêche dont les produits alimentent
en partie les marchés de Bayonne.

Voulez-vous maintenant que nous regardions à notre droite : la scène va complètement changer ; il ne
nous est besoin pour cela que d'une inflexion de tête.
Voilà la côte de France que l'œil ne suit pas bien loin,
et les sombres forêts de pins des Landes dont le rendement résineux enrichit la contrée. Une blanche
tour s'élève au milieu de cette épaisse verdure ; c'est

un signal d'observation que les marins de Capbreton
ont adossé à l'église du village et qui leur sert aux
heures de mer. Plus près, c'est l'embouchure de
l'Adour, la barre, la terrible barre de Bayonne, les
bancs de sable, les dangers en permanence dont, je
l'espère, nos habiles ingénieurs auront bientôt triom-
phé. Sur les deux tours voisines brillent les signaux
protecteurs chargés de diriger les navires à l'entrée
et à la sortie du port, pour qu'ils ne soient pas
embarrassés dans leur marche par le déplacement
du banc de sable, dont le pilote de la barre a eu soin
de constater à l'avance la position. Puis, à l'extrémité
de la côte d'Anglet qui forme une plage de la plus
grande magnificence, le phare de Biarritz s'élève
majestueusement sur le cap St-Martin; un beau et superbe phare de premier rang qui se dresse avec orgueil sur son indestructible base de rochers. Ici, c'est
la *Villa Eugénie* sur laquelle plongent nos regards et
qui, assise au bord de l'eau, se mire sans doute à ses
heures dans les flots qui baignent ses pieds. Enfin,
derrière nous, s'étagent les coquettes maisons de
Biarritz dans lesquelles la propreté le dispute à l'é-
légance, et dont plusieurs ont en face de leurs fené-
tres un horizon qui ferait bien des jaloux.

Dans tout ce tableau immense que nous venons de
rapidement examiner, l'œil ne rencontre rien contre
quoi il puisse se heurter péniblement; et quel est le
panorama qui pourrait en offrir autant aux spectateurs! Les bancs de rochers même qui tapissent les
falaises ou bordent le rivage, ne présentent aux regards dans leurs perspectives aucune arête désagréa-
ble qui puisse les blesser, et quelles que soient les

teintes du ciel, qu'elles soient limpides ou nuageuses, toujours le paysage conserve la même douceur.

Tout cela est beau, bien beau, n'est-il pas vrai ? Et vous ne croyez pas qu'il puisse y avoir sur aucun œil humain des écailles assez épaisses pour le rendre insensible à ces splendeurs de la création ! Vous ne pensez pas qu'il existe des âmes assez lourdes pour être complètement inaccessibles à tout autre sentiment qu'à celui de leurs préoccupations matérielles de chaque jour ! Je le croyais comme vous ; et je crois encore que les êtres de cette nature ne constituent que de rares phénomènes dans l'humanité. Mais puisque j'en ai connu un (un seul, je dois le dire), laissez-moi vous parler de lui à cette heure. Ce sera pour lui un châtiment, s'il existe encore, que d'entendre son histoire ; ce sera un vrai soulagement pour mon âme froissée que de vous la raconter en détail. C'est une histoire vraie, une histoire contemporaine, et qui ne se compose que d'un mot... Mais quel mot que celui-là !

Or, un jour, un de mes amis qui habite la ville voisine, reçut la visite d'une sienne connaissance, étrangère à ces contrées, étrangère même à la France, ce qui me console un peu vraiment, et que je désignerai sous une simple initiale, L***. Celui-ci ne connaissait pas Biarritz, et mon ami, qui partage complètement mes opinions à l'endroit de ce séjour, proposa à M. L*** d'aller visiter le gracieux village, l'assurant d'avance qu'il ne regretterait certainement pas le voyage quand il aurait contemplé les merveilles du lieu. Celui-ci accepte la proposition bonnement et froidement, comme il eût accepté toute invitation à une promenade quelconque, bien que de sa vie il n'eût jamais vu la mer et que d'ordinaire le désir de

jouir de ce beau spectacle ait une grande vivacité
dans le cœur de ceux qui n'en ont pas joui encore.
Mon ami sourit en lui-même de la froideur avec laquelle sa proposition était acceptée ; et, convaincu
qu'elle avait uniquement sa source dans l'ignorance
de l'étranger qui, sans doute, ne comptait que sur
un spectacle ordinaire et ne s'attendait pas à l'éblouis-
sement que celui-ci lui réservait, il se frotta les mains
d'un air joyeux en se promettant, à part lui, de for-
cer bientôt le tiède personnage à une admiration complète.

On arrive à Biarritz, et mon ami conduit aussitôt
M. L*** sur les hauteurs où nous nous trouvons maintenant ; et lui montrant d'un air de triomphe cette
vaste plaine bleue, qui ondulait doucement jusqu'à
l'horizon et sur laquelle les rayons du soleil semaient
à chaque instant des paillettes d'or : « Eh bien ! fit-il
avec un sourire victorieux..... » M. L*** regardait
sans étonnement, sans admiration certes ; et à l'inter-
rogation admirative de mon ami, il ne fit qu'un mot
de réponse ; mais quel mot, comme je le disais tout
à l'heure ! « Oui, dit-il en balançant lentement la tête
avec une parfaite indifférence, il y a là beaucoup
d'eau. »

Entendez-vous bien ! Cet homme-là devant lui ne
voyait que.... beaucoup d'eau !

Dans ces larges abîmes qu'a creusés la main de
Dieu, et qui, pour les yeux les moins clairvoyants,
sont une image imposante de son immensité et de sa
toute-puissance, cet homme voyait tout simplement...
beaucoup d'eau !

En présence de cet horizon si vaste de la mer et
des cieux se confondant l'un l'autre, et rivalisant sans

trève de lumière et de splendeur, cet homme avait aperçu tout bonnement devant lui... beaucoup d'eau !

En voyant cet Océan sans limites, qui dérobe tant de secrets et voile tant de richesses à l'œil de l'homme ; en entendant cette voix des flots qui met dans toutes les âmes un tressaillement inconnu quand on l'écoute pour la première fois, cet homme ne s'étonnait pas le moins du monde assurément. Et pourquoi vraiment eût-il pris la peine de s'étonner devant une chose aussi simple ; il n'y avait là que beaucoup d'eau!

Beaucoup d'eau! Un peu plus, sans doute, que dans le ruisseau qui traverse ses prairies; mais le murmure de celui-ci est bien plus doux à son oreille que le murmure de la grande mer; il entretient dans une fraîcheur si productive les légumes de son jardin et les foins de ses prés!...

Beaucoup d'eau! pourquoi admirer, en vérité! n'est-ce pas là à peu près, avec quelque différence peut-être, de l'eau comme il y en a dans l'étang du moulin de son père!....

Beaucoup d'eau!.., quel mot que ce mot-là!...

Quand mon ami eut entendu cette réponse, il demeura un moment étourdi et sans parole en face d'une aussi abasourdissante indifférence. Puis, quand la réaction se fit, il se demanda sérieusement si un pareil homme méritait de jouir des sublimes spectacles qu'il ne comprenait pas, et si ce ne serait pas faire une œuvre utile que de le jeter tout bonnement à la mer. Mais il songea que cet homme faisait exception à la règle commune qui dirige tous les autres hommes; et que, bien qu'il fût souverainement douloureux de voir une seule exception à la règle des

beaux et nobles sentiments, il valait mieux se borner à classer ce malheureux parmi les natures
incomplètes, et lui permettre de vivre encore de sa
vie végétative.

C'est à cette minute de réflexion que notre personnage dut la vie.

Nous venons d'admirer ensemble les beautés majes-
tueuses que l'Atalaye prodigue sans réserve à tous
les yeux ; mais ce que je ne vous ai pas dit, c'est
qu'elle n'est pas toujours rayonnante et calme comme
aujourd'hui, et que les flots qui baignent ses pieds
ne dorment pas toujours. Dans les jours d'orage, la
physionomie de l'Atalaye subit une transformation
prodigieuse, et ses tableaux deviennent alors subli--
mes d'horreur. Savez-vous ce que c'est qu'une tempête ?

Alors l'horizon s'est revêtu de sombres voiles, et
le sifflement des vents irrités bouleverse la mer jusque dans ses entrailles. Alors l'Océan se soulève dans
des gonflements de colère, et les vagues échevelées
se brisent dans des chocs furieux ; alors, des nuages
noirs, traînant la foudre avec eux, courent dans l'air
comme des messagers sinistres, et les rochers du
rivage résonnent sourdement sous le poids des flots
qui se précipitent contre eux dans des accès de rage
insensée ! Aussi, à l'heure redoutée où les mugisse-
ments de l'orage retentissent au dehors, le marin
s'agenouille dans sa demeure et fait une prière à Dieu
pour ses frères qui voyagent dans la tempête ; car,
malheur alors au pauvre navire qu'a surpris l'ouragan ! malheur à la frêle barque de pêcheurs qui s'est
attardée en mer ! demain, peut-être, leurs débris fra-

cassés couvriront la plage, et les poissons auront dévoré les cadavres de leurs matelots!

Voilà la tempête, une de ces tempêtes qui se reproduisent trop souvent dans la saison des orages, et qui font, hélas! tant de victimes. Biarritz a été quelquefois témoin des drames lugubres de la tempête; j'aurai donc à vous raconter à ce sujet de dramatiques récits.

Aux heures d'orage, l'Atalaye est complètement transformée. Les nuées du ciel cachent l'horizon, et la couleur azurée des flots fait place à des teintes livides rayées d'écume; le plateau tout entier frémit sous le choc des vagues furieuses qui s'engouffrent avec colère dans l'immense cavité rocheuse sur laquelle il est assis, et qui se nomme *bouhoum* dans le patois du pays (1). L'œil n'aperçoit alors, de tous côtés, que des flots qui bouillonnent et bondissent, et de hautes lames qui, déferlant avec fureur contre les rochers qui s'opposent à leur course désordonnée, s'élancent après le choc à des hauteurs effrayantes, et retombent de toute leur pesanteur sur le roc qu'elles voudraient déraciner sous des secousses sans cesse répétées. En vérité, c'est un solennel spectacle que celui-là! A une extrémité du plateau se trouve un vaste rocher que la nature a perforé de part en part, et de l'intérieur duquel la vue s'étend au nord et à l'est à une grande distance; on le nomme la *Ro-*

_____

(1) Les indigènes appellent de ce nom toutes les cavités de même genre où la lame, en se brisant, fait entendre une détonation sourde; et l'on voit que dans le choix du mot destiné à signifier la chose, ils ont certainement visé à l'harmonie imitative.

che percée; et les étrangers ne manquent jamais d'aller rendre plusieurs visites à ce pittoresque lieu. Mais c'est surtout dans les jours de tempête que la foule se presse à ses abords; car de là, on peut suivre alors un à un tous les caprices et toutes les fureurs de la mer à travers les lignes brisées d'écueils qui s'étendent au loin, et forment à vos pieds un gouffre profond dans lequel les vagues se précipitent en rugissant pour rebondir ensuite à plus de vingt pieds au-dessus de vos têtes.

Malheur en ce moment aux toilettes trop curieuses qui se sont approchées jusqu'à l'avant-scène pour ne perdre aucun détail; car souvent la cascade perfide fait un crochet en arrière avant de retomber dans l'abîme qui l'avait vomie; et de combien de déboires ce crochet malheureux est cause pour telle robe rose et tel chapeau bleu certainement dignes d'un meilleur sort! Et à la suite de ces déplorables accidents, combien de petites malices s'introduisent dans l'âme de ceux qui en ont été victimes; et que de fois les victimes de la veille, après avoir imploré dans leur cœur les malédictions de la vague contre les rieurs qui les persifflaient hier dans leur infortune, deviennent rieurs à leur tour!

Voilà l'Atalaye dans les beaux jours et dans les jours d'orage. Après vous avoir jusqu'à présent aussi longuement parlé d'elle, vous croyez sans doute que j'ai tout dit sur son compte. Détrompez-vous; je n'ai pas encore commencé.

———◈———

7

CHAPITRE X.

Encore l'Atalaye. — Un mot d'histoire. — Les Bayonnais et
les Normands. — La forteresse de l'Atalaye. — Promenade
à travers ses ruines. — Le canon de l'Atalaye. — La Haille
et le Hailler. — Les anciens phares. — Quelques usages
du lieu.

Autour de nous c'est la solitude, le calme. Je n'entends que le bruit discret que fait la mer en battant
les pieds du rocher immense sur lequel nous sommes
debout. Et cependant ce lieu n'a pas toujours été silencieux comme aujourd'hui; là aussi autrefois ont
retenti des bruits de guerre ; et le tumulte des combats a couru sur ces hauteurs qui se taisent maintenant. Couchées à terre par la main des siècles, les
vieilles murailles de l'antique forteresse de l'Atalaye
nous rappellent une période palpitante de la chronique locale, et ce serait là un long et beau récit à entreprendre. Que mon rôle serait brillant à cette heure,
si je pouvais me faire quelque peu romancier pour
vous, et, en vous parlant des guerres et des fureurs
d'alors, mettre au service de votre curiosité des
épisodes saisissants et terribles, des situations impossibles, des drames touchants ou lugubres suivant le besoin du moment! Mais, je l'avoue, le do-

maine de la fiction a toujours été pour moi un domaine fermé à double tour. Bien plus, puisque je dois
me borner aux modestes, bien que parfaitement ho-
norables fonctions de chroniqueur, je n'aborderai
même pas la belle et large voie que l'historien aurait
à parcourir ici ; aussi, effleurant à peine l'histoire générale de cette époque, je vous raconterai seulement
l'histoire particulière du lieu que j'ai entrepris de vous
faire connaître.

Vers la fin du xiiie siècle , une guerre sans merci
ayant éclaté entre les Normands et le *Royaume de
Bayonne*, comme parlent les vieilles chroniques ,
l'Océan, depuis les côtes de Bretagne jusqu'au golfe
de Biscaye, devint le théâtre de luttes sanglantes et
fréquemment renouvelées. Il n'était pas rare de ren-
contrer des navires bayonnais et normands, amarrés
les uns aux autres, et se livrant des combats achar-
nés ; et les vastes moyens d'action qui furent mis en
œuvre par les deux peuples durant la guerre témoi-
gnaient hautement de leur puissance à tous deux. Depuis longtemps déjà, la prospérité de la Guienne qui
croissait toujours au détriment de celle de la Norman-
die, avait excité une rivalité haineuse dans le cœur du
peuple Normand, et il est probable que celui-ci ne
manqua pas alors de saisir toutes les occasions qui
se présentaient à lui d'assouvir sa haine jalouse et
d'utiliser à son profit les dissensions existantes en
pillant les riches ports du littoral. Aussi les habitants
avaient-ils élevé de toutes parts des défenses et des
châteaux-forts qui pussent les protéger contre de
terribles invasions. Biarritz , qui était encore à cette
époque un des ports importants du Labourd , et dont
les barques rapportaient souvent de riches cargaisons

de pêche, avait senti le besoin de défendre l'accès de
ses entrepôts largement approvisionnés contre l'avi-
dité meurtrière des ennemis communs; et on éleva
sur le promontoire de l'Atalaye une forteresse qui
pût surveiller de loin les mouvements des Normands
et les tenir éloignés du port (1). L'emplacement sur
lequel s'élevait l'antique forteresse avait été admirablement choisi; car ses bastions et ses quatre tours
protégeaient à la fois le Port-Vieux, le Port des Bateaux, et tous les abords de la côte. La tradition
locale lui a assigné le nom de *Fort Ferragus,* nom
que j'ai entendu appliquer du reste à d'autres points
élevés du littoral voisin et dont j'ignore l'origine.

Le vieux fort du xiiie siècle est aujourd'hui dé-
mantelé, et il n'en reste plus que des ruines. Mais par
l'inspection seule des ruines qui existent encore,
l'observateur attentif peut se rendre parfaitement
compte de l'importance qu'avait le fort Ferragus
aux jours de ses splendeurs guerrières; et bien
des promeneurs ont foulé ce plateau qui ne se sont
jamais doutés assurément qu'au moyen des vestiges
subsistant aujourd'hui, il est facile de ressusciter les
murs d'enceinte, les bastions, les tours, l'ensemble,

---

(1) Le port commerçant de Biarritz se trouvait situé en
avant de la crique qu'on nomme aujourd'hui, pour cette raison, *Port-Vieux;* la mer la laissait autrefois à sec et
l'a envahie depuis pour en former une baignoire naturelle.
L'entrée du port devait probablement s'ouvrir aux environs du rocher que l'on aperçoit en face au large, rocher
que les amateurs nomment *Grand-Roche,* et que les gens du
pays appellent de temps immémorial *Boucalot,* mot qui signifie dans leur langue *Petite entrée.*

en un mot, de la forteresse détruite. C'est ce que je vais faire en ce moment pour être agréable à eux et à vous. Quelques mots d'abord sur l'aspect général que présentait le fort durant ses beaux jours ; dans quelques instants nous promènerons à travers ses ruines.

Le fort Ferragus se composait d'une double enceinte. Aux quatre angles des murailles formant l'enceinte intérieure, quatre tours dressaient leur front protecteur. L'une de ces tours, dont il ne reste plus de traces, s'élevait non loin de la naissance de l'escalier de pierre qui descend au Port des Bateaux ; en face, au sommet de la falaise du Port-Vieux et tout auprès du chemin qui, de l'Atalaye, mène à ce bassin, s'élevait une deuxième tour dont un seul bloc a survécu aux ravages du temps. Détaché du haut du plateau à la suite de quelque éboulement, ce bloc s'est arrêté sur le versant de la falaise, où il s'est tellement enchâssé dans le sol qu'il forme aujourd'hui un contrefort naturel de plus aux terres mouvantes de l'Atalaye. Cet autre fragment de muraille qui se trouve arrêté aussi sur le même versant un peu au-dessus du premier, appartenait évidemment au mur de première enceinte. L'inspection des ruines va maintenant nous révéler d'autres détails, et justifier ceux que je vous ai donnés jusqu'ici.

Prenons pour point de repère la maison de maître qui occupe sur l'Atalaye une partie de l'emplacement des anciennes fortifications. A quelques pas dans l'ouest du mur qui clot l'habitation du côté du nord, s'ouvrait l'entrée principale du fort, ainsi que l'indique la présence du coussinet du pont-levis, qu'il est facile de distinguer encore à la surface du sol. Un

peu plus en avant vers l'ouest, on aperçoit une partie
notable du mur de la deuxième enceinte; crénelé
autrefois, il est démoli aujourd'hui jusqu'au niveau
du terrain. Il est facile, du reste, de déterminer parfaitement la place qu'occupaient les quatre faces de
la première enceinte et d'apprécier dès lors avec une
exactitude mathématique le périmètre embrassé par
la forteresse. La seule face qui nous soit entièrement
cachée est celle du nord, dont les assises sont en-
fouies sous le sol ou ont servi de fondement à l'habitation particulière qui nous sert de point de départ
pour nos observations. Celle du sud est reconnaissa-
ble dans sa plus grande partie; ce fragment de muraille placé en avant de la gracieuse guérite bâtie à
la naissance du plateau pour le service des doua-
niers, appartenait à la face de l'est; étendez-le par
la pensée, d'un côté jusqu'au niveau de l'habitation
déjà citée, de l'autre jusqu'à son point de jonction
avec la face du sud également prolongée, et vous
aurez déjà ressuscité trois des faces et deux des tours
du fameux château. La partie de l'ouest est la mieux
conservée. Derrière l'habitation, voyez-vous cette
tour qui lui sert en quelque sorte d'appui et qui est
assise sur un large soubassement. Cette tour, c'est
l'ancien phare de Biarritz, il ne date que de 1795
et j'en dirai un mot plus tard; le soubassement
sur lequel elle repose, c'est le débris vénérable
qui nous reste de la troisième tour du fort Ferragus.
Vers le sud, et surplombant la falaise du Port-Vieux,
un soubassement semblable supporte une petite façon
de tour surmontée d'une petite façon de cheminée.
Cette tour, c'est la tour *La Haille* dont je vous ferai
l'histoire tout à l'heure; son antique soubassement,

c'est tout ce que nous a laissé d'elle-même la qua-
trième tour de l'ancien fort. Les murailles ruinées qui
relient entr'eux ces deux tronçons mutilés de la
vieille forteresse, formaient autrefois la face ouest de
la première enceinte. Les murs offrent une épaisseur
de deux mètres; il me paraît que, bâtie dans des
conditions semblables, la citadelle devait être tout
bonnement imprenable, et certainement fort incom-
mode pour tous les chercheurs d'aventures et de
butin.

Tout était calme et paix depuis longtemps sur l'A-
talaye. Vint un jour pourtant, et il ne faut pas remonter bien haut pour en retrouver la date, où le bruit
de la guerre fit encore entendre ses rudes accents
sur ces hauteurs silencieuses depuis tant de siècles.
C'était à l'époque des guerres de la première répu-
blique. Les chassemarées et autres petits navires de
commerce étaient souvent inquiétés par les péniches
anglaises à l'entrée et à la sortie du port de Bayonne.
On songea à remédier à un état de choses qui pouvait être fort préjudiciable; un canon de respectable encolure fut hissé sur le plateau, un certain
nombre d'artilleurs spécialement affecté à son service; et jusqu'en 1814, sa grosse voix et ses respectables projectiles ont protégé les pauvres navires
qui venaient se placer sous la protection de ses
boulets. A cette époque, on le retira de la place
qu'il avait si utilement occupée pendant une vingtaine
d'années, et depuis lors, en vérité, l'Atalaye a dé-
pouillé tout vestige de toilette guerrière; aussi vous
pouvez vous aventurer hardiment sur le riant plateau, vous ne vous y heurterez qu'à des souvenirs
qui certes ne manquent pas d'intérêt.

Mais je vous ai dit un mot singulier tout à l'heure, et vous en attendez la signification. *La Haille!* un mot quelque peu barbare que celui-là. Ne vous en prenez pas à moi, de grâce, mais seulement au patois du pays qui doit en porter seul la responsabilité. La Haille, c'est bien cette petite tour située sur la falaise nord du Port-Vieux et dans l'intérieur de laquelle conduit un chemin montant de facile accès. Une petite cheminée la surmonte; mais si vous le voulez bien, de la petite cheminée ne nous occupons pas encore. Tout maintenant va nous faire entrer plus avant dans le cœur des us et coutumes du pays durant les dernières années.

Eh bien, oui, vous ne vous en doutez certes pas! Cette humble et modeste tour a été tout simplement la devancière, à Biarritz, du phare orgueilleux qui, assis sur le cap Saint-Martin, porte aujourd'hui jusque dans les nues son front superbe et sa guirlande de feu. Et la pauvre tour, à son heure, a protégé bien des existences. Mais à cette époque, point de lanternes ni d'appareils roulants; car voici le procédé dont se servaient les hommes d'alors pour guider, durant la nuit, les bateaux naviguant sur les côtes. On allumait dans l'ouverture qui existe encore un grand feu alimenté par de longues perches de bois sec et coupé *ad hoc,* et un homme, préposé à l'entretien du feu et nommé *hailler,* y introduisait les perches à mesure que la flamme en dévorait l'extrémité. Ces perches, dans le langage du pays, se nomment *hailles*, d'où le nom du gardien et celui de la tour.

On dut reconnaître quelques inconvénients à ce système un peu primitif, et en 1795 on construisit, comme je le disais tout à l'heure, un phare mieux conditionné. Mais depuis l'achèvement du phare de premier rang que Biarritz possède aujourd'hui, il languit dans l'abandon sur ce promontoire que ses feux illuminaient naguère. Roi découronné, il cache son humiliation dans le recoin obscur où nous avons pu cependant le découvrir.

Je vous ai promis autre chose encore, et il y a sur la tour *La Haille* certaine façon de cheminée dont je me suis engagé à vous dire l'emploi. Je pourrais le faire en deux mots, mais pour vous je prendrai mieux mon temps, la chose en vaut la peine. Pour arriver au but de nos investigations, il va nous falloir traverser des décombres, des ruines, des bouleversements. En allongeant mon récit, je vous paraîtrai m'éloigner peut-être du terme de ma course. Ayez bonne confiance dans votre cicerone : en s'éloignant, il se rapprochera.

Donc, il y a cinq années à peine, en face de la tour La Haille et sur la falaise sud du Port-Vieux, il existait une autre tour, tour modeste aussi et presque abandonnée, mais au pied de laquelle les amateurs des grands et majestueux spectacles aimaient à venir s'asseoir pour contempler de là quelques-uns des splendides tableaux que le Créateur a composés de son pinceau divin, et dont ce beau pays possède une collection si précieuse.

Un jour, de ce côté, un épouvantable fracas se fit entendre ; une partie de la falaise s'était écroulée, entraînant dans sa chute l'humble mais poétique tour que l'œil ne voit plus maintenant. Aussi, depuis qu'elle eut perdu cette antique et fidèle sentinelle qui lui donnait une importance relative en perpétuant les

traditions d'autrefois, la falaise parut longtemps en
proie au découragement et à la tristesse. Et au lieu
qu'auparavant elle défiait audacieusement tous les
torrents du ciel, depuis qu'elle n'eut plus rien pour
la rattacher à l'existence et qu'elle se sentit au fond
du cœur quelque peu cause peut-être de la mort
tragique de sa vieille compagne, on eût dit qu'elle
voulait en finir avec la vie. Et, chaque jour, sous l'effort des pluies, d'énormes parcelles de terrain s'en
détachaient, s'effondrant dans l'abime, de façon
qu'à ce train-là l'antique falaise n'eut bientôt plus
vécu dans le pays que comme mémoire. Heureuse-
ment, et ceci soit dit entre deux parenthèses et sans
préjudice de ce que je dirai encore à ce sujet plus
tard, une intervention puissante et bien connue à
Biarritz est survenue à point pour réhabiliter à ses
propres yeux la falaise découragée, et l'associer à
des œuvres grandioses et fécondes. Mais revenons,
et interrogeons la chronique pour lui demander quelle
était la destination de la petite tour qui n'existe plus.
Patience, nous arrivons, bien que cela n'y paraisse
pas.

Vous le savez, la pêche a été longtemps l'unique
industrie du village, et à une certaine époque de l'année surtout, il n'était pas rare de voir les bateaux pêcheurs s'absenter pendant deux et trois jours pour
aller déclarer la guerre aux poissons qui n'habitent
que la haute mer. Or la mer, qui s'endort parfois durant des mois entiers, a des moments subits de caprice et de mauvaise humeur, des jours où elle passe
presque sans transition du calme à la colère, du bleu
au noir ; de sorte qu'il arrivait à certains moments
que ses accès de bile s'emparaient d'elle à l'heure où

nos pêcheurs étaient encore au large. Certes alors ceux-ci serraient vite leurs lignes et leurs filets pour tâcher de regagner le port avant la grande explosion de la tourmente; mais le port de Biarritz est étroit, parsemé d'écueils (1) sur lesquels la mer se brisait en ce moment avec fureur, et il eût été plus qu'imprudent de s'engager dans le chenal tourmenté. Quel était donc le signal qui devait apprendre à nos pêcheurs que l'état du port ne leur permettait pas d'en franchir l'entrée, et qu'ils devaient se hâter, sans perdre un temps précieux dans des tentatives inutiles, de gagner un des ports voisins pour s'y mettre à l'abri de l'orage !

Nous approchons de plus en plus.

On avait bâti à cet effet sur la falaise la petite tour qui s'est abîmée il y a cinq ans dans l'éboulement du terrain. Aux heures de tempête, les marins que la pêche n'avait pas appelés en mer, ou que leur âge avancé retenait sur le rivage, se rendaient sur les hauteurs, interrogeaient d'un regard soucieux l'état du ciel et des flots, et les chances d'entrée que pouvait accorder l'ouragan ; et quand il avait été décidé entre eux que les pêcheurs ne pouvaient, sans un danger grave, revenir à leur port de départ, ils entassaient dans l'intérieur de la tour des monceaux de paille humide auxquels ils mettaient le feu. Alors une

---

(1) Grâce à la haute initiative de S. M. l'Empereur, une digue de plus de trente mètres, reliant deux rochers que la mer séparait du côté de l'ouest, met aujourd'hui le Port des Bateaux à l'abri des plus grosses lames du large. Désormais l'accès du port ne sera plus redoutable, et aux heures de tempête les embarcations trouveront dans son sein un abri assuré.

fumée noire et épaisse se dégageait au dehors, et à cette vue les bateaux comprenaient de loin que l'entrée de Biarritz leur était interdite, et ils se dirigeaient rapidement vers les anses plus hospitalières de Gué-thary ou du Socoa.

Par la chute de cette tour, les marins allaient être privés du signal protecteur qui leur est si nécessaire. Et enfin.... je vous annonce que c'est pour y remé-dier qu'on a construit au-dessus de la tour La Haille une cheminée qui est destinée au même office que l'ancienne tour, et de laquelle s'élèvera au moment voulu le nuage de fumée indicateur qui protégera bien des existences.

Nous devions un souvenir de respect et un sentiment de regret à la pauvre petite tour qui a disparu, parce que Dieu seul sait le nombre des vies d'hommes qu'elle a sauvées; parce qu'elle a largement contri-bué à rendre moins volumineux le catalogue, déjà trop étendu, des pauvres bateaux qui, à leur retour de la pêche, se sont misérablement brisés contre les rochers du port, au moment d'atteindre le rivage! Et nous n'avons pas trop fait en accordant un regard d'attention à l'humble cheminée qui est appelée à suc-céder à de si beaux priviléges, et qui saura mériter à son tour la reconnaissance de la nouvelle généra-tion.

CHAPITRE XI.

Le Port-Vieux. — Autrefois, aujourd'hui. — L'établissement de bains et le chemin de ronde. — Physionomie du Port-Vieux. — La corde. — La Côte des Basques. — C'est une des plus belles plages du monde. — Erreur et vérité. — Origine du nom de la plage des Basques. — Le dimanche des Basques. — Le Basque à Biarritz.

Le Port-Vieux que voici, était, comme l'indique son nom, le port principal de Biarritz à une époque reculée. Alors la mer ne pénétrait pas aussi avant dans les terres ; des deux côtés les falaises, qui depuis se sont affaissées dans les flots sur une assez vaste étendue, offraient vers la mer un développement considérable ; et le port s'ouvrait plus au large, abritant une belle flottille de pêche derrière son double promontoire contre les vents et les grosses lames. Alors, le long des falaises, là où s'éparpillent aujourd'hui tant de rieuses et coquettes habitations, s'élevaient de riches entrepôts, de vastes et nombreux magasins, destinés à recevoir les produits de la grande pêche. Alors il y avait aussi au Port-Vieux de l'animation, du bruit et de la foule ; l'activité commerciale y régnait en souveraine et enrichissait le village.

C'est là Biarritz à sa première édition.

Aujourd'hui, plus rien de tout cela que le souve-

nir. Le Port-Vieux a fait peau nouvelle; les exigences
de l'époque ont déteint sur lui, c'est un damoiseau
maintenant. Cette guirlande de gracieuses villas qui
l'entourent, ce splendide établissement de bains qui
promène autour du bassin ses riantes galeries, ces
flots si paisibles et si bleus qui viennent timidement
caresser le sable du bord, tout cela fait du Port-Vieux
une plage en miniature de l'aspect le plus frais; on
dirait une toile délicate et légère, animée par le
pinceau d'un grand maître.

Un large escalier de pierre conduit de l'esplanade
supérieure à l'établissement de bains et à la plage.
Un pavillon central réunit les deux ailes de l'établissement, et je n'aurais que des éloges à adresser
au pavillon, s'il ne portait pas si haut la tête, et
n'interposait pas précisément son pignon élevé entre
le bassin et la partie centrale de la grande esplanade,
dérobant complètement sur ce point aux regards la
vue de la plage et de la mer. J'opine pour qu'on
abaisse la tête du pavillon jusqu'à complète disparition de cet inconvénient.

L'établissement de bains occupe tout l'emplacement
dont on pouvait disposer dans ce bassin relativement
étroit. Les dispositions du terrain ont été utilisées
avec art, et les deux ailes, reliées par une galerie
couverte, forment un riche encadrement à cette jolie
conque marine, que la vogue a un peu délaissée, il
est vrai, mais à laquelle de nombreux amis sont fidèles encore.

Le long de la falaise du nord, un élégant système
d'arcades, servant de contre-forts aux terres mouvantes, supporte un léger chemin de ronde qui conduit
doucement le promeneur sur les versants élevés de

l'Atalaye, tout en lui permettant d'embrasser conti-
nuellement du regard le tableau animé que présente
la plage.

Autrefois le Port-Vieux était la plage la plus fréquentée de Biarritz ; puis, quand l'espace est devenu
trop restreint pour la foule, celle-ci s'est portée en-
partie vers la Côte de l'Impératrice, où les baigneurs
barbottent journellement par centaines à la fois.
Néanmoins, de sa vogue antique, le Port-Vieux a
conservé ce que j'appellerai un certain parfum d'a-
ristocratie, parfum, du reste, qui m'a toujours paru
être le préféré de ce petit maître. Et tandis qu'à la
Côte de l'Impératrice toutes les conditions se croisent
et se heurtent, que la grande dame et celle qui ne
l'est pas viennent y prendre une part commune d'eau
salée et de soleil, le Port-Vieux, lui, en grand seigneur qu'il est, donne exclusivement au beau monde
rendez-vous dans son sein. Aussi voyez-vous tous
les jours de grandes et belles dames, de grands et
beaux messieurs, venir s'asseoir sous les grands
rochers qui forment comme un prolongement naturel aux galeries de l'établissement de bains. Là, à
l'ombre de ces roches parfumées dont les émanations
vivifiantes dilatent la poitrine, on lit, on brode, on
cause, on attend l'heure du bain. En vérité c'est un
beau salon de conversation que celui-là, et l'on n'y
compte pas les heures.

On dirait que la nature a pris en pitié les âmes
craintives ou impressionnables, et que c'est pour
elles qu'elle a créé les bains du Port-Vieux. Et comme
les âmes ainsi faites sont nombreuses, il y a encore
foule au Port-Vieux aux heures du bain.

8

A quelques mètres au large, un câble tendu d'une falaise à l'autre, porte plusieurs fragments de liége qui, suspendus au câble principal, peuvent être facilement saisis par le nageur *intrépide* qui est parvenu jusqu'à *la Corde* (c'est le terme consacré) et veut s'y reposer quelques instants. Celui-ci saisit le liége, attire à lui la corde, s'en fait un siége s'il a quelques notions des lois de la gymnastique, ou se contente d'y trouver un point d'appui pour ses bras fatigués s'il craint de perdre l'équilibre dans quelque évolution malencontreuse. Le baigneur qui, à la haute marée, se rend d'un trait jusqu'à la corde, est réputé, parmi les habitués du Port-Vieux, un brave et un bon nageur. S'il ose franchir la limite sacramentelle, et s'aventurer plus au large, c'est quelque chose comme un héros, et on le salue quand il passe.

La falaise du sud sépare le Port-Vieux de la *Côte des Basques*. Grâce à un plan grandiose exécuté par les ordres directs de l'Empereur, des travaux considérables ont été entrepris sur ses deux flancs, et y auront avant longtemps creusé une large et belle voie qui, partant du Port-Vieux, descendra en pente douce jusqu'à la plage voisine.

D'un accès difficile, la Côte des Basques n'a été associée jusqu'ici à la vie balnéatoire que d'une manière incomplète. Et c'était grand dommage vraiment; car il est certainement peu de plages au monde qui puissent rivaliser avec elle de splendeur et de majesté. Longue de plusieurs kilomètres, elle offre aux promeneurs, aux heures de la basse mer, une délicieuse promenade; et son sable, convenablement durci par le voisinage des couches de roches qui forment le sous-sol, résiste sans céder à la pression des pieds les moins délicats. Elle forme un trait-d'union entre Biarritz et les plages de Bidart et de Gué-tary, villages basques voisins; des hauteurs qui la dominent, la côte d'Espagne se déroule aux regards sous le même aspect que des sommets de l'Atalaye.

Le long des falaises abruptes et élevées, on n'a pu tailler qu'un chemin assez raide pour relier la plage aux maisons du haut Biarritz; aussi, la Côte des Basques, malgré son incontestable mérite, n'a-t-elle pas encore pris part au mouvement général dans des proportions sérieuses. Mais l'heure de la réhabilitation a sonné pour elle; c'était justice. Avant long-temps, je l'espère, aux travaux qui ont été décidés et qui s'accomplissent, d'autres travaux viendront s'ajouter qui rendront les abords de cette plage faciles pour tous les quartiers de Biarritz.

Je l'ai dit, les bains de la plage des Basques tiennent le milieu entre ceux de la Côte de l'Impératrice, un peu remuants d'habitude, et ceux du Port-Vieux, si onctueux et si paisibles. Là, pour quelques-uns, c'est le trop ou le trop peu; le juste-milieu se trouve ici.

Contre quoi n'a-t-on pas parlé et écrit?

On a donc parlé et écrit contre la Côte des Bas-ques. Un peu par jalousie, un peu par intérêt, un peu par ignorance. On s'est plu à la représenter sous des couleurs imaginaires et sombres.

« C'est une plage funeste, a-t-on dit, et dont les flots sont constamment courroucés et écumeux; une plage que le baigneur doit fuir en détournant la tête. » Un vrai croque-mitaine de plage enfin.

Pauvre baigneur, comme on te leurre! Et moi je te dis : Cette plage ainsi calomniée a pour ses visiteurs des flots de la plus grande courtoisie. Ses vagues

souples et bleues, ondulent doucement sous le baigneur qu'elles bercent sans effort, et viennent mourir sans fracas sur la grève. A l'heure des tempêtes,
elle subit le sort commun à toutes les plages du
monde, et change contre la voix des orages sa belle
et harmonieuse voix des beaux jours. Mais les tempêtes n'ont guère lieu que durant la saison rigoureuse, et durant la saison rigoureuse on ne se baigne pas.

« Et cela est si vrai, ajoutent ses détracteurs, que
le nom même sous lequel elle est désignée (Côte
des Basques) indique suffisamment que ses flots
tourmentés ne sont accessibles qu'aux nageurs audacieux et expérimentés que les Basques comptent
parmi eux. »

Et moi, qui ne suis point Basque assurément, qui
suis à peine un nageur ordinaire, comment ai-je osé,
grand Dieu! affronter si souvent cette plage de per-
dition! Par quelle étrange hallucination de mes sens
ai-je toujours cru avoir affaire à des flots de la plus
parfaite débonnaireté! Mon audace m'épouvante. Ou
plutôt félicitez-moi, car me voilà devenu, à mon tour,
sans le savoir, expérimenté et audacieux nageur.

Quand on veut écrire l'histoire, au moins faudrait-
il connaître l'histoire; et je vous assure que l'interprétation étymologique donnée par les hommes dont
je parle ne trouverait pas un approbateur dans tout
le pays. Quand on connaît les lieux et leurs usages,
on arrive droit au but sans grande fatigue et sans
grandes phrases. Et c'est pour cela que je vais tout
simplement vous apprendre que cette plage est ainsi
nommée parce qu'elle a toujours été à peu près
exclusivement fréquentée par les habitants des campagnes basques qui viennent prendre à Biarritz les

bains de mer. Ceux-ci, par des motifs d'économie
contre lesquels il n'y a rien à dire, élisent toujours
domicile dans les modestes maisons du haut Biarritz.
Or, la plage voisine leur offrant des bains de choix à
un prix modique aussi, ils l'ont, de temps immémorial, adoptée pour en faire le théâtre unique de leurs
ébats natatoires.

Il est un jour dans l'année où la Côte des Basques
devient bruyante et animée comme un champ de
foire. Alors elle est envahie par une foule immense ;
et ce sont des cris sauvages, des éclats de rire stridents , c'est du tumulte à vous rendre sourd.

Quelle peut être la cause de cette agitation et de
ce vacarme inaccoutumés?

Le second dimanche du mois de septembre de chaque année, un usage traditionnel, dont il faudrait
remonter bien haut pour trouver l'origine et la cause,
appelle à Biarritz les populations des villages basques,
de plusieurs lieues à la ronde. Ce jour-là n'a pas d'autre nom dans le pays que celui de *Dimanche des Basques.*

Dès le matin , les voies qui aboutissent au village de
tous les côtés de l'horizon sont encombrées par les flots
pressés de la foule qui arrive. On dirait un jour d'é-
migration générale. Les hommes agitent en chantant
le lourd *makila* (1) ; les femmes portent au bras ou
sur la tête un paquet assez volumineux, dépositaire
discret des provisions de la famille ; les enfants mar-
chent fièrement à côté du père et de la mère, tout
glorieux du commencement d'émancipation qui leur

(1) Bâton noueux et ferré que le Basque porte toujours
avec lui.

a permis ce premier voyage. Bientôt toute cette population est agglomérée dans les hauts quartiers où la tradition a fixé le rendez-vous général. On se compte, on se reconnaît, les familles des mêmes cantons se réunissent en escouades fraternelles, et l'on dîne en un tour de main.

La fête a commencé.

Le son du fifre aigu, du sourd tambourin et du violon aigrelet ne tarde pas à retentir dans toutes les rues et sur toutes les places; et la danse nationale, le *Saut Basque,* met en mouvement sur tous les points les jarrets d'acier de ce peuple infatigable. Pour qui n'en a jamais été témoin, c'est un curieux spectacle que celui de cette danse singulière, espèce de ronde formée par les hommes qui tracent isolément pendant que le cercle tourne, et en pirouettant souvent sur eux-mêmes, des pas d'une franche originalité accompagnés de bonds et de cris étranges. L'air qui accompagne la danse est vif et animé, et un Basque, si las qu'il soit, n'entendra jamais résonner à ses oreilles cet air si chéri de toutes les oreilles basques, sans oublier sur-le-champ sa fatigue et bondir à son tour dans le cercle des danseurs.

Ce jour-là les Basques sont rois à Biarritz; ils se pavanent bravement, fièrement dans le village, formant des groupes bruyants qui gênent la circulation, ou bien se tenant par la main sur de longues files qui occupent la largeur de la voie et forcent les promeneurs à se détourner pour doubler par les ailes l'un ou l'autre des deux caps. Ce jour-là le Basque, qui est bon et respectueux de sa nature, y met un peu de malignité; on le lui pardonne, parce qu'on sait que ce jour-là c'est son jour.

Le lendemain, on chante, on crie, on danse encore; puis la foule immense, rieuse, bruyante, infatigable toujours, se précipite vers la Côte des Basques pour y prendre un bain vraiment national, car je crois bien que toutes les provinces Basques ont dans ce moment des représentants à Biarritz. C'est alors l'heure des cris stridents, des éclats de rire sans fin et des hurlements inconnus; c'est pour la plage solitaire l'heure du mouvement et de l'animation exubérante; quelque chose comme une scène imaginaire empruntée à un fantasque pinceau.

Le soir du deuxième jour, les départs commencent pour s'achever le lendemain. Et de loin on entend encore le son des instruments de musique qui, placés à la tête des diverses caravanes, guident en cadence la marche de ce peuple qui danse en se retirant, comme il dansait à son arrivée, comme il danserait toujours.

CHAPITRE XII.

Le chemin du Phare. — Le Phare de Biarritz. — La chasse
aux lentilles. — Les grottes du Phare. — Une énigme historique.

Nous avons vu bien des choses jusqu'à cette heure,
mais nous n'avons pas tout vu. Et si la longue excursion que nous venons de faire n'a pas porté une atteinte trop grave à la bonne volonté de vos deux
jambes, nous allons en ce moment diriger nos pas
vers les hauteurs du cap Saint-Martin que nous n'a-
vons point explorées encore. Peut-être de nouvelles
surprises nous y attendent-elles.

C'est là que s'élève le phare de Biarritz. Le promontoire, situé à l'extrémité du village, forme la
première pointe de ces nombreux festons de plages
dont les dentelures, pittoresquement découpées autour de Biarritz, l'entourent de leur vaste guirlande
de flots bleus et de sables dorés. Devant nous s'ouvre
un large chemin ; il nous conduira au but sans fatigue. Mais tout en usant des commodités de la voie,
ayons une pensée de remerciement pour l'intelligente
volonté qui a présidé à sa création. Car si la distance
qui sépare le village du cap Saint-Martin n'offre plus
aujourd'hui que le parcours d'une promenade ordinaire, autrefois une visite au phare constituait presque un voyage.

La voie la plus courte consistait alors à suivre les
bords de la mer et à gravir péniblement la pente raide
qui termine brusquement la plage à l'est. On évitait
ainsi un long détour, mais en arrivant on était assez las
pour regretter sa promenade. C'était un inconvénient.
Aussi le plus grand nombre préférait se détourner un
peu pour arriver sans trop de fatigue par des sentiers
à peu près acceptables; et comme la route était plus
longue, les ânes du crû, de tout âge et de tout poil,
étaient mis en réquisition pour les dames, les enfants
et les marcheurs paresseux.

Le coup d'œil de l'Empereur a simplifié les choses ;
et au lieu des sentiers incommodes dont les intermi-
nables inégalités lassaient le promeneur, il a voulu
qu'une route directe, accessible aux voitures, fût tracée le long de sa villa impériale, de manière à pouvoir se prolonger jusqu'à la ville voisine en courant
sur le bord de la mer, et former le chemin de la
Barre.

Nous voici sur le plateau que surmonte le phare,
un beau phare de premier ordre, dont la colonne,
assise sur un soubassement haut et large, est élevée
de 44 mètres au-dessus du sol et de 73 au-dessus du
niveau de la mer qui bat les pieds du promontoire.
Dans l'intérieur du soubassement on a préparé des
appartements pour l'usage éventuel des architectes
et des ingénieurs ; ces appartements sont inoccupés
d'ordinaire. Engageons-nous maintenant dans l'escalier
en spirale qui conduit à une plate-forme circulaire placée au-dessous de la lanterne..... que je puis bien
appeler *magique ;* car je renonce à décrire les splendeurs au milieu desquelles l'œil se joue à cette hauteur. D'une main je touche Biarritz et l'Océan, de

l'autre Bayonne et sa ceinture de fleuves qui ondule jusqu'à mes pieds. Devant moi plusieurs navires glissent sur les vagues à l'appel des signaux arborés à la tour voisine. Voilà qu'ils s'engagent dans l'écume des brisants qui forment deux haies sur leur passage. Après avoir salué de quelques coups de tangage la cité qui les accueille, ils s'élancent joyeux dans les eaux du fleuve hospitalier où le repos les attend.

Gravissons maintenant ces quelques échelons de fonte ; ils vont nous conduire à l'intérieur de la lanterne dans laquelle cinq ou six hommes peuvent se tenir debout autour de la mèche concentrique qui est allumée chaque soir au coucher du soleil.

L'appareil lenticulaire qui joue autour de nous est construit d'après le système Fresnel ; il se compose d'un feu tournant dont les éclipses se succèdent de demi-minute en demi-minute et dont la force multipliée par des miroirs réflecteurs disposés au-dessus, donne à la lumière une portée de sept lieues.

Trois gardiens sont chargés tour à tour de l'entretien du feu. L'homme de garde fait pendant le jour l'office de cicerone pour les étrangers qui viennent visiter le phare ; il ne manque pas de leur faire admirer les beautés du panorama environnant, et de leur raconter telle et telle histoires curieuses dans lesquelles les tempêtes jouent ordinairement un rôle important.

L'un d'eux me disait comme quoi, dans les nuits d'orage, les gardiens font quelquefois des captures prodigieuses de gibier, sans qu'il y ait de leur part la moindre ruse de guerre pour attirer les victimes au piége. Voici comment la chose s'opère. Quand la tempête mugit dans l'ombre, que le tonnerre roule sur les vagues, que les vents furieux sifflent du fond de l'horizon, les oiseaux éperdus, égarés dans les ténèbres, apercevant dans leur vol la lumière brillante du phare qui leur rappelle le jour, se précipitent de toute la rapidité de leurs ailes vers ce point éclairé de l'espace où ils espèrent retrouver le soleil et par conséquent le salut. Mais l'épaisse lentille est là, barrière formidable contre laquelle ils viennent se briser la tête pour retomber sans vie sur le sol. Quand le jour est venu, on trouve des monceaux de victimes jonchant les abords du phare.

Ces prises donnent parfois un honnête revenu, revenu exempt de remords vraiment, puisque les mains qui ramassent les cadavres sont innocentes de ce funeste trépas.

Les rochers gigantesques qui supportent le phare étonnent l'œil par leur masse cyclopéenne et les formes bizarres et fantastiques qu'ils affectent. On ne peut regarder sans un certain saisissement ces entassements prodigieux qui semblent défier les âges, et dont les pieds, toujours battus par les flots, secouent dédaigneusement dans la mer l'écume des tempêtes sans rien perdre de leur éternelle immobilité.

Ces immenses étagères de rocs recèlent dans leurs entrailles de larges cavernes connues sous le nom de *Grottes du Phare*, mais qui sont aujourd'hui complètement inabordables. Les deux ouvertures qui y donnaient accès s'ouvrent sur les flancs taillés à pic de l'imposante falaise, et ce n'est pas sans beaucoup de péril qu'on parvient à les atteindre. Quand on a pénétré par ces ouvertures, et marché quelque temps vers l'orifice intérieur des grandes chambres que la nature a creusées sous ces voûtes colossales, on se trouve arrêté tout à coup par une muraille épaisse

qui en intercepte l'entrée. C'est la première assise
du phare qui, après avoir percé la voûte, vient se
reposer sur le roc inférieur. Lors de sa construction,
les ingénieurs ayant sondé le plateau avant d'asseoir
les fondements, trouvèrent fond creux sous la première croûte de rochers; ils furent contraints, pour
assurer la solidité de l'édifice, de traverser le vide et
d'aller à cette profondeur souder la base du phare à
son inébranlable piédestal.

On ne peut donc plus songer aujourd'hui à visiter
les grottes du phare, qui n'ont été du reste que peu
explorées jusqu'ici par les curieux à cause des dangers inséparables de l'excursion. Je connais deux
amateurs intrépides qui ont pu, il y a déjà un certain
nombre d'années, parcourir une grande partie de
ces grottes; c'est de l'un d'eux que j'ai recueilli
quelques renseignements pleins d'intérêt, dont je
vais vous faire part à mon tour.

Les grottes du phare se divisent en plusieurs
chambres spacieuses et élevées, tapissées à la voûte
et sur le sol de stalactites et de stalagmites de la plus
grande beauté. Elles se prolongent sous le plateau à
des distances tellement considérables que nos deux
visiteurs, après avoir pénétré bien avant, ne crurent
pas prudent de s'engager davantage dans ces espaces
ténébreux qui ne paraissaient pas avoir de barrières.

Une particularité remarquable attira surtout leur
attention. Dans plusieurs de ces chambres ils aperçu-
rent, non sans étonnement, un grand nombre de
niches et de siéges taillés de main d'homme le long
des parois rocheuses. Ces grottes, à une époque inconnue, ont donc évidemment servi d'asile à des
hommes. Mais quel est le mystère historique qui se

cache derrière cette première donnée? Faut-il encore y voir une trace des incursions des Normands sur nos côtes? Pour échapper au pillage, au meurtre, les familles du village s'étaient-elles préparé dans ces grottes profondes et connues d'elles seules une retraite inaccessible aux ennemis, où elles pussent s'abriter aux heures sanglantes des invasions?

Est-ce cela, est-ce autre chose? L'imagination peut se donner ici libre carrière. Mais vous attendiez de moi quelque chose de plus précis. Hélas! quelle que soit la bonne volonté du chroniqueur, il ne peut faire rendre gorge à la chronique qu'autant que celle-ci le veut bien; et sur le point qui nous occupe, la chronique est d'un mutisme désespérant.

Il ne serait pas facile, d'après moi, d'atteindre le fond des grottes du phare. Car, si je ne me trompe, non-seulement le plateau que nous foulons, mais encore la falaise qui court vers le village d'Anglet, sont assis sur fond creux à de grandes distances. J'en trouve la preuve dans certains affaissements du sol qui se sont produits ici et là, et dans la résonnance du terrain qui, interrogé sur une grande étendue, sonne creux à la percussion.

Donnons maintenant au complaisant gardien qui a bien voulu nous faire les honneurs de son domicile le pour-boire final et examinons les abords rocheux du plateau. A notre droite, la falaise forme, à cent pieds au-dessous de nous, une échancrure toute hérissée de roches, dans laquelle la mer glisse aujourd'hui, dans laquelle elle bouillonne avec rage aux jours de tempête. C'est dans ce recoin de plage, qui vu de cette hauteur ne ressemble pas mal à un gouffre, qu'a eu lieu, il y a quelques années, un

terrible épisode de mer, un naufrage dont les circonstances sont si saisissantes que, malgré la longueur du récit, je n'hésite pas à vous raconter cette
émouvante histoire.

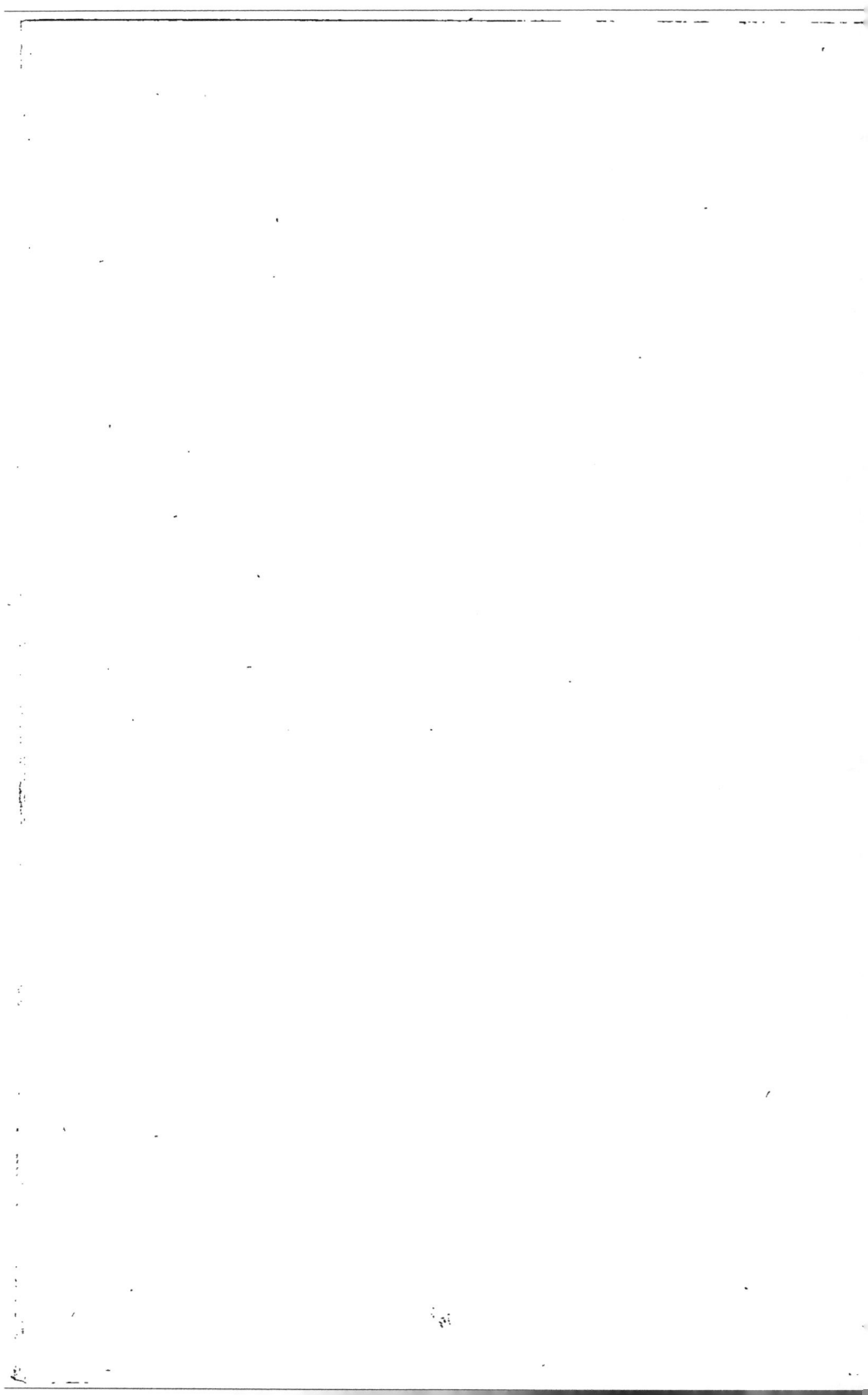

CHAPITRE XIII.

———

Un sinistre en mer. — L'ouragan. — La goëlette anglaise —
La funeste méprise. — Le dévouement. — Le sauvetage.
— Une victime. — Les deux pauvres enfants. — Angoisses.
— Le salut.

———

On était au 24 octobre 1842.... Depuis trois jours
une violente tempête sévissait sur Biarritz ; les vents
du sud-ouest soufflaient sans relâche avec leur colère
habituelle. Le ciel était tendu d'un noir rideau de nuages qu'éclairaient à peine les lueurs de la foudre ; la
mer bouleversée ne présentait à l'œil que des lames
écumantes s'entrechoquant avec un sourd fracas ; la
nature entière était en convulsion. Retirés dans leurs
demeures qui frémissaient sous les redoublements de
rage de l'ouragan, les habitants du village écoutaient
avec tristesse la tempête mugissant au dehors, et disaient tout bas la prière de l'orage pour les pauvres
marins qui voyageaient sur mer. Alors bien des mè-
res pensaient à leurs fils, bien des femmes à leurs ma-
ris, et à chaque éclat de tonnerre des tressaillements
douloureux couraient dans toutes ces âmes.

Tout à coup, vers trois heures de relevée, un cri se

9

fait entendre qui court aussitôt de rocher en rocher,
de maison en maison : « Navire en vue!.... » Et bientôt tout le village est en rumeur, et tous les habitants
s'élancent hors de leurs demeures. Or, afin que vous
compreniez mieux pourquoi cette nouvelle électrisait
à un si haut degré les paisibles Biarrots, il faut que
vous sachiez que la position d'un navire poussé par le
mauvais temps sur ces côtes est ordinairement désespérée. En effet, d'un côté la violence des vents du
large qui l'empêchent de regagner la haute mer, de
l'autre l'effrayante barrière de brisants qui lui défen-
dent l'accès du port, lui ôtent à peu près toute chance
de salut; et pour peu que l'ouragan ait brisé sa mâ-
ture et qu'il n'obéisse plus au gouvernail, le pauvre
navire ira se briser misérablement sur les rochers du
rivage.

Les marins qui habitent les côtes savent parfaitement apprécier ces choses, eux qui ont vu souvent
les drames de la tempête se dérouler à leurs regards;
et c'est ce qui explique leur émotion profonde chaque
fois qu'un aussi affreux spectacle se prépare sous leurs
yeux.

La pluie tombait par torrents, le temps était affreux.
Néanmoins, déjà les Biarrots couvrent les hauteurs
voisines, et contemplent avec serrement de cœur la
petite goëlette anglaise que l'ouragan pousse vers le
rivage et qui se débat près d'eux dans les flots tourmentés. Tantôt soulevée jusqu'aux nues par des vagues énormes, tantôt précipitée dans les abîmes qui
la dérobent par intervalles aux spectateurs de cette
triste scène, la goëlette approchait toujours ; et déjà
la nuit arrivait, assombrissant le tableau. Dans ce
moment le soleil se couchait dans le noir horizon, et

le feu du soir était allumé au phare de Biarritz ; le capitaine anglais l'aperçoit, et par une fatale erreur, croit qu'il a devant lui le port hospitalier du Socoa. Or, il y a cette différence dans la signification des deux feux de Biarritz et du Socoa, que celui-ci est destiné à appeler les navigateurs dans l'anse protectrice qui les gardera des colères de la mer, tandis que le feu de Biarritz les avertit au contraire de se tenir au large, et de faire tous leurs efforts pour éviter les nombreux rochers qui bordent cette partie de la côte. Mais depuis le commencement de la tempête, des brouillards sombres avaient caché le rivage au capitaine de la goëlette et l'avaient empêché de prendre ses relèvements, de sorte que lorsqu'il vit briller dans le crépuscule la lumière du phare, il se crut en face du port, et *laissa arriver* sur les rochers du cap Saint-Martin.

Les marins du village s'aperçoivent alors de sa funeste méprise, et prennent leur course vers les hauteurs du dangereux promontoire pour tâcher de prévenir un irréparable malheur. La nuit se faisait plus noire, le navire avançait rapidement, joyeux comme on l'est quand on porte en son âme l'espérance d'un salut prochain, quand tout à coup, nos marins qui sont arrivés, hélant la goëlette de toute la puissance de leur poitrine, lui font entendre à travers le bruit de la tempête, ce cri d'avertissement mille fois répété : « Au large ! au large ! ou malheur à vous ! » Hélas ! il était trop tard. En ce moment l'ouragan redouble de fureur, le ciel vomit sans trêve la grêle et le feu, et le frêle bâtiment, précipité par une force irrésistible, secoué comme un brin de paille par les flots qui se brisent sur ses flancs, est lancé avec une

vitesse effrayante entre deux rochers de six à huit
mètres de hauteur, placés à trente-cinq mètres environ du rivage. Il était sept heures du soir.

Aussitôt les braves Biarrots s'élancent rapidement
sur le versant de la falaise au bas de laquelle le gouffre gronde; mais devant eux c'est un affreux préci-
pice presque taillé à pic et dont le fond est noir
comme le fond d'un sépulcre. Pour arriver jusqu'aux
malheureux naufragés, comment faire! et si les obstacles sont terribles, faudra-t-il donc renoncer à l'espoir de les sauver!...

Plus les difficultés sont grandes, plus le courage de nos marins grandit. Voilà qu'ils se mettent
déjà à l'œuvre...

..... Après une lutte désespérée de trois mortels
jours, trois siècles, contre les éléments furieux, le
petit navire était donc venu s'abattre au milieu d'une
forêt d'écueils sans cesse battus par les lames; et son
malheureux équipage, après avoir fait tout ce qu'il
était humainement possible de faire pour résister à la
fureur de la tempête, avait vu tous ses efforts se briser
impuissants contre un rivage inhospitalier, presque à
l'entrée du port!... Ce sont là d'immenses angoisses
qui envahissent alors l'âme des plus intrépides, et
que comprennent mieux que nous ceux qui, dans des
conditions pareilles, ont joué d'aussi près à ces terribles jeux de la mort.

Mais le salut était plus proche qu'ils n'osaient l'es-
pérer; car au même moment les marins de Biarritz
arrivaient, inondés de sueur et de pluie, et disposés
à disputer opiniâtrement aux flots courroucés la proie
convoitée par l'abîme. Et bientôt douze d'entre eux,
ceints d'une corde dont leurs camarades tiennent le

bout, sont descendus dans le gouffre où va maintenant se passer un drame tout simplement héroïque.

La nuit était tout à fait noire et les flots grondaient
toujours. Les douze braves choisissent pour base de
leurs opérations un rocher sur lequel s'appuyait le
mât de beaupré de la goëlette, et crient aux matelots
anglais de s'engager sur le mât, qui formait entre eux
un pont intermédiaire, et de gagner la roche sur laquelle ils se trouvent eux-mêmes. Au moyen de fortes lanternes qu'ils ont descendues avec eux, les uns
éclairent le dangereux passage, tandis que les autres
entourent d'une corde les naufragés à mesure qu'ils
arrivent à eux, et s'élançant à travers les rochers et
les brisants, les amènent un à un à terre après des
fatigues et des efforts inouïs.

C'était certes beaucoup de fait, mais il restait beaucoup à faire, car le capitaine de la goëlette était encore à bord avec sa femme et ses deux jeunes enfants
qui l'avaient accompagné dans ce voyage. Il restait,
lui, parce que son devoir l'obligeait à ne quitter son
navire que le dernier de tous, et il n'osait pas confier
sa famille au périlleux va-et-vient dont il redoutait
les difficultés pour une femme et des enfants faibles
et inexpérimentés. Cependant les cris d'encourage-
ment des braves marins, qui le pressent de se hâter
pour éviter un irréparable malheur, triomphent de
son indécision, et tenant sa femme par la main, il
touchait déjà du pied la roche protectrice, quand tout
à coup un effroyable craquement se fait entendre; le
navire soulevé par les vagues en furie se brise contre
les rochers, et un cri horrible retentit, dont rien ne
peut rendre l'expression indéfinissable et qui domine
le bruit des flots!... La malheureuse femme venait

d'être arrachée à son époux et avait disparu pour toujours... Le lendemain son manteau seul fut retrouvé sur la plage !

L'infortuné capitaine est aussitôt enlevé dans les bras vigoureux de nos marins et déposé à terre.

La lutte avait été longue et dure pour nos braves sauveteurs ; deux heures de laborieux efforts les avaient épuisés, et les pointes de rochers avaient couvert leurs corps de blessures. Mais leur âme se reposait avec bonheur dans la pensée du devoir accompli, et loin de prendre enfin quelques instants d'un repos nécessaire, ils s'empressent de prodiguer leurs soins aux naufragés, qui bientôt se réchauffent à un feu allumé à la hâte en se félicitant avec effusion d'avoir échappé à une mort certaine grâce à un sublime dévouement.

Mais le capitaine ne prenait point part à ces démonstrations de la reconnaissance ; seul à l'écart, dans un état d'insensibilité complète, il ressemblait à une statue de pierre dont les yeux ne voient pas, dont les oreilles n'entendent point ; son cœur ne battait sans doute plus après d'aussi atroces douleurs !...

Je me trompe ; son cœur de père battait toujours, car au bout d'un instant on le voit violemment tressaillir, un cri s'échappe de sa poitrine : « Mes enfants ! mes enfants ! » et il les appelle par leurs noms avec angoisse.

Mais la voix seule de la tempête répond à sa voix. L'infortuné les appelle encore, les appelle sans trêve ; et enfin une voix éloignée, une faible plainte s'élevant du milieu des brisants arrive à ses oreilles et à celles des marins qui l'entourent. Aussitôt tout le

monde fait silence; on écoute attentivement; on regarde dans les ténèbres pour tâcher de découvrir la
position qu'occupent les deux pauvres créatures :
bientôt quelques gémissements se font entendre de
nouveau, et l'on peut s'assurer enfin qu'après la rupture du navire les enfants se sont cramponnés à la roche la plus éloignée sur laquelle les flots se brisent
toujours.

Alors du rivage toutes les voix répondent à leur
lamentable appel; on leur crie de tenir ferme sur le
rocher en leur promettant un secours prochain, on
les anime, on les encourage; et déjà les douze braves dont nous avons apprécié le courage, songent
aux moyens de parvenir jusqu'aux deux frères pour
couronner dignement leur œuvre de salut.

Mais les lames dont la fureur n'était pas encore ralentie bondissaient toujours à travers les écueils, et
chaque fois qu'elles déferlaient sur les pauvres enfants,
ceux-ci poussaient des gémissements lamentables. La
mer baissait avec violence et son irrésistible *tiran*
rendait toute nouvelle tentative presque impossible;
aussi nos marins songeaient à attendre le moment où
la mer en reculant davantage rendrait leurs essais
moins incertains, quand soudain un cri perçant poussé
par une seule voix d'enfant perce l'espace et saisit
tous les cœurs. On craint que ce ne soit un cri de
mort, et que l'un des deux petits malheureux, vaincu
par la souffrance et la fatigue, n'ait été entraîné
dans l'abîme : « Courage! leur crie-t-on, courage!
quelques instants encore, et nous vous sauverons. »
Et aussitôt une voix faible et grelottante parvient à
nos marins qui ont pu s'approcher un peu plus des
enfants en suivant le mouvement de recul de la ma

rée : « Du courage, j'en ai encore, et mes forces, j'espère, pourront me soutenir quelques instants; mais mon jeune frère n'en peut plus d'épuisement, il se laisse aller peu à peu, et c'en est bientôt fait de lui si vous ne venez vite à son secours. »

A cet appel suprême, les intrépides sauveteurs n'hésitent plus : il leur semble que la conscience leur reprocherait toujours de n'avoir pas su mourir, s'il le fallait, pour arracher deux victimes à la mort; et aussitôt deux d'entre eux, attachés par la ceinture, se jettent dans les flots à la recherche des pauvres enfants, à travers les mille débris de la goëlette qui roulent autour d'eux et les menacent à chaque instant d'un choc mortel. Exposés à mille périls, ils avancent sans hésitation, et à force de précautions, de courage et d'adresse, ils arrivent jusqu'aux innocentes créatures. L'un se charge du plus jeune; et l'autre, après avoir détaché, non sans peine, les doigts raidis de l'aîné qui étaient en quelque sorte incrustés dans le roc, le ramène à son tour à travers les mêmes obstacles et avec le même succès auprès du malheureux père qui peut presser avec ivresse ses deux enfants dans ses bras, et pleurer enfin!...

Après avoir consacré quelques instants à son bonheur et à ses regrets, le capitaine demande où sont les hommes intrépides à qui il doit tant et auxquels son cœur a hâte de témoigner toute la gratitude dont il est plein. Mais nos excellents marins, qui croyaient n'avoir accompli qu'un simple devoir, s'étaient dérobés déjà à l'admiration de la foule; et, bientôt rentrés dans leurs demeures, ils se reposaient des fatigues de la nuit et s'endormaient la joie dans l'âme et le sourire sur les lèvres.....

CHAPITRE XIV.

La pêche à la ligne. — Physiologie du pêcheur amateur. —
Les émotions de la pêche à la ligne. — Une triste histoire.
— Histoire abrégée de la pêche à Biarritz. — Prospérité
et décadence. — La pêche aux anchois.

La mer est assez poissonneuse aux alentours du
Phare; et, chaque jour, quelque pêcheur du village
vient s'établir sur les saillies inférieures du roc et jeter
de là sa ligne à la mer. Mais l'accès en est difficile et
la course est longue; aussi le pêcheur amateur a-t-il
soin de tout concilier, et à moins que ce ne soit un
fanatique (il y a des fanatiques dans l'espèce), tout en
explorant les flots, il ne s'éloigne pas trop du logis.
Perché sur l'une ou l'autre des innombrables arêtes
rocheuses qui bordent le rivage depuis la Côte de
l'Impératrice jusqu'à celle des Basques, il interroge
assidûment, à l'heure de la marée montante, la profondeur des eaux avec une persévérance digne souvent d'un meilleur sort.

Le pêcheur amateur constitue à Biarritz une spécialité intéressante. Chaque jour vous le voyez passer
sous vos fenêtres, portant fièrement son attirail de
pêche et l'outillage nécessaire à la capture prélimi-

naire des vers de roche qui doivent servir d'appàt. Le panier qu'il porte au bras est destiné à rapporter au logis le produit de la pêche. Les dimensions du panier indiquent celles des espérances du pêcheur. Bien souvent le panier reviendra vide, mais le pêcheur ne sera pas découragé, et vous le verrez tous les jours se percher avec le même plaisir sur une nouvelle arête de roc pour aboutir peut-être au même résultat. Quand il prend quelque chose, il ne prend guère que du menu fretin; mais de quelles belles proportions le menu fretin est revêtu par son amour-propre de pêcheur !

Ne vous avisez pas de persiffler l'irrésistible penchant qui l'entraîne, de railler la constance trop souvent infructueuse qui l'attache des journées entières aux pointes de rochers; il ne vous comprendrait pas, bien plus, il vous plaindrait. Et, en vérité, n'aurait-il pas quelque droit de vous plaindre; et toutes vos heures s'écoulent-elles aussi rapides, aussi heureuses que les siennes! Et le bonheur, n'est-ce pas quelque chose de relatif!

« Je sais, me disait un amateur du genre, que
« nous sommes vilipendés à toute heure par ceux qui
« ne nous comprennent pas. Ceux-là prétendent que
« la pêche à la ligne n'est pas, ne peut pas être un
« plaisir; que loin d'être une récréation aimable, elle
« n'est qu'une occupation sérieuse; et je ne sais plus
« dans quel pauvre livre j'ai lu de mes propres yeux
« cette odieuse définition, qui a couru le monde
« depuis qu'un mauvais plaisant l'a jetée à la face des
« pêcheurs : LIGNE DE PÊCHE, *instrument destiné à*
« *prendre des poissons, et qui est terminé à un*
« *bout par un hameçon, et à l'autre.... par* UN

« IMBÉCILE. Je sais tout cela; mais, bien sûr, l'in-
« venteur de cette menteuse définition n'avait jamais
« pêché à la ligne. Il ignorait les doux charmes que
« trouve le cœur dans cette attention vague prêtée
« par le pêcheur à l'instrument de mort, attention
« qui permet à l'âme de causer avec les flots, de
« s'égarer sur ces mystérieux espaces dont les secrets
« sont connus de Dieu seul; douce mélancolie pour
« laquelle les heures sont si courtes. Il n'avait jamais
« éprouvé cette émotion vive qui fait battre la poi-
« trine au moment où l'imprudent poisson vient mor-
« dre à l'appât trompeur, et où la main retire brus-
« quement de l'eau le fil meurtrier à l'extrémité
« duquel la victime s'agite dans des efforts désespé-
« rés : ni ces dépits charmants qui envahissent l'âme
« quand la proie s'est dérobée au supplice, ou quand
« on ne ramène à soi, au lieu du poisson argenté
« dont le poids se faisait sentir à vous, qu'un amas
« d'algues marines accrochées au passage par l'ha-
« meçon trompé à son tour. »

Quand on vous parle ainsi, que voulez-vous répondre?

Non, ne rions pas trop de la pêche à la ligne; car
elle aussi a ses dangers et ses douleurs. En preuve,
écoutez cette triste histoire :

Il y a peu d'années, un marin du lieu partit un jour
pour la pêche avec son jeune fils. Leur ligne sur l'é-
paule, ils se rendirent sur le versant nord du Phare
où la pêche promettait des résultats satisfaisants, et
par cette pente abrupte ils descendirent sur une saillie de terrain voisine de la mer, d'où ils jetèrent leur
ligne à l'eau. Or, ce jour-là la mer était tourmentée,
et les vagues souvent venaient se briser aux pieds

des deux pêcheurs; mais ils avaient vu tant de fois d'aussi près la même colère des flots, qu'ils la croyaient toujours aussi inoffensive. Bientôt cependant, la mer se mit tellement à la tempête, que le marin se disposait à quitter avec son enfant la position dangereuse qu'il occupait, quand tout à coup une vague plus furieuse que les autres bondit contre la falaise, et saisissant dans ses brisants le fils du pauvre marin, l'entraîne dans le gouffre.

Le malheureux père, éperdu, se précipite aussitôt dans les flots, et après une lutte terrible avec eux, réussit à saisir son enfant qu'ils roulaient dans leur écume. Il le place sur ses épaules et se dirige à la nage vers la côte d'Anglet. Pendant le trajet, l'infortuné, voyant que son fils ne lui donnait aucun signe de vie, le regarde attentivement et s'aperçoit qu'une saillie de rocher a ouvert le crâne de l'enfant dans la chute, et qu'il ne porte plus qu'un cadavre.

Je ne vous dirai pas l'immense douleur qui poignarda alors l'âme du pauvre père; néanmoins, par des efforts surhumains, il arriva près du bord, et déjà il se disposait à prendre dans ses bras le cadavre de son fils pour le mettre à l'abri de l'atteinte des flots, quand une lame épouvantable fondit sur lui, le renversa et lui arracha son précieux fardeau... Le père ne sait plus ce qu'il fit alors : on le trouva plus tard seul sur la plage, fou de douleur !...

Mais je songe qu'à propos de pêche, il vous sera sans doute agréable d'écouter à votre tour quelques renseignements précieux que j'ai pu me procurer sur l'histoire de la pêche à Biarritz depuis les anciens jours jusqu'à l'époque actuelle. Je ne serai pas long, mais

en peu de mots je vous raconterai beaucoup de richesse et beaucoup de vicissitudes.

La pêche à Biarritz, je ne vous le répéterai plus, a
eu ses beaux jours et sa grande époque. Jusqu'au
xve siècle, ses riches produits ont fait la fortune de
ce village. Je trouve dans les vieilles chroniques un
fait qui prouve à quel point l'importance de cette florissante pêcherie était appréciée alors.

En l'année 1337, la guerre s'étant rallumée entre
la France et l'Angleterre, après trente ans de paix,
Bayonne eut ordre d'équiper, pour le service du roi
Edouard III, 20 vaisseaux et 10 galées dont le commandement fut remis entre les mains de Pés de
Puyanne, maire de la ville. La conduite de ce dernier
fut si brillante dans la Manche, que le roi ne crut
pouvoir mieux reconnaître ses éclatants services
qu'en lui octroyant en don les revenus des ports de
Biarritz et de Bédorède.

Quant à l'activité commerciale que la pêche avait
éveillée à Biarritz, vous pourrez en apprécier la
mesure par ce fait significatif que toutes les maisons
du vieux Biarritz (et le nombre en était considérable)
avaient leur rez-de-chaussée occupé par un chai plus
ou moins vaste, suivant l'importance relative de chaque habitation. Ce chai, disent les vieillards qui forment aujourd'hui une tradition vivante dont les vieux
débris disparaissent, hélas! chaque jour, ce chai était
destiné à recevoir les produits de la pêche locale, et
servait en partie d'écurie pour les chevaux des *mandochains*.

Permettez-moi d'ouvrir ici une parenthèse, et de
vous signaler ce dernier mot qui, dans le patois de
Biarritz, signifie *muletier*. C'est là un vestige pré-

cieux encore de la langue qui se parlait autrefois à
Biarritz. En basque le même mot se rend par *mando-
zain*, composé des mots *mando*, mulet, *zain*, gardien, gardien de mulets. Le patois de Biarritz est ici
du basque pur.

Donc, les mandochains venaient en foule dans le
riche village chercher le poisson frais et les différentes huiles extraites des foies de poisson, dont la vente
introduisait dans les ménages de larges bénéfices.

Cette prospérité dura longtemps; mais quand les
baleines, trop vivement poursuivies, eurent déserté
le golfe, elle éprouva un échec dont elle ne devait
plus se relever. A dater de l'émigration à laquelle,
ainsi que je l'ai dit plus haut, le déplacement de l'embouchure de l'Adour contraignit un certain nombre
de familles de marins, en l'année 1500, l'industrie
de la pêche baisse à grands pas. Les livres du port
ne mentionnent plus à cette époque que sept *bachets*,
bateaux de la taille à peu près des *pinasses* que montent aujourd'hui les marins basques du Socoa; l'équipage de chacun d'eux se composait de 20 à 25 hommes.

Un nouveau coup fut porté à Biarritz par les deux
dernières levées de marins qui y furent successivement opérées pour l'expédition du comte d'Estaing
dans l'Inde, levées qui comprirent environ 150 hommes; et Biarritz n'eut plus que cinq *bachets* pêcheurs
qui continuèrent à naviguer jusques vers 1785, faisant la pêche secondaire des thons, lamproies, etc.
Alors les quelques hommes qui avaient survécu aux
expéditions de l'Inde étaient morts, et bientôt on ne
compta plus dans le port que trois bateaux. Depuis
1800, le port n'en posséda plus que deux, et vers
1817, l'un de ceux-ci ayant péri en mer avec tout

son équipage, un seul continua la pêche pendant quelques années encore.

Maintenant, Biarritz ne fait plus que la petite pêche sur les barques en miniature qui, pendant l'hiver, courent à la poursuite du petit poisson, et endossent pendant l'été des vêtements neufs pour servir aux promenades sur mer dont les étrangers sont, avec raison, assez friands.

Les poissons qui fréquentent le golfe de Gascogne et se prennent sur nos côtes sont délicats et estimés. Parmi eux figure un délicieux piscicule, l'anchois, auquel je vais faire ici l'honneur de quelques lignes ; il me paraît le mériter par la façon pittoresque avec laquelle il aborde nos rivages et tombe dans nos filets. Son apparition a lieu d'ordinaire vers les mois de mai et de juin, mais elle n'est pas soumise à une périodicité régulière, et, parfois, des années entières se passent sans que les anchois nous viennent. Dans les années normales, les pauvres petits poissons, impitoyablement poursuivis par certains autres émigrants plus gros, qui se dirigent au printemps vers le golfe, et parmi lesquels les plus avides de ce manger délicat sont très-certainement le *Maquereau vulgaire* et le *Caranx Trachure* (en patois du pays *Chicharrou*), se réunissent, s'entassent, comme dans une pensée de protection commune, en bancs immenses de plusieurs centaines de mètres de longueur. Ils croient ainsi fuir la mort, les pauvres petits !

L'œil exercé du marin qui veille sur la falaise a bientôt reconnu la présence de la riche capture. Le signal est donné, la grande chaloupe est mise à l'eau. Elle approche, tous les rameurs lèvent leurs rames,

attendant qu'un signe du patron leur apprenne que
le moment du *Caracol* est arrivé. Mais d'abord
un des marins se jette à la mer, et nageant le long
des bords de cette île nouvelle, essaie par ses évolutions de fermer aux anchois la route du large. Bientôt l'immense filet est déployé, on en jette le premier
bout à la mer ; et l'embarcation part comme un trait,
suivant la circonférence du cercle formé par le banc,
tandis que le filet, *largué* sans trève, entoure de ses
terribles tresses le banc d'anchois tout entier. Quand
le cercle a été parcouru, ce qui constitue le *Caracol*
dans le langage du pays, on resserre par le fond le
filet parfaitement disposé pour cette opération finale,
et la pêche est faite.

Il arrive parfois que les masses capturées sont tellement prodigieuses que, pour éviter la rupture des
mailles sous le poids, il faut alléger le filet en jetant
à la mer une grande partie de la prise.

Les anchois marinés forment un entremets délicieux pour toutes les tables en général, et en particulier pour les tables auxquelles la distance ne permet pas de les servir frais.

Les pêches d'anchois sont trop rares pour pouvoir
être largement rémunératrices ; ce n'est donc encore
là qu'une ressource très-secondaire.

La décadence successive de la pêche à Biarritz a
fait que ses habitants se sont communément adonnés
à d'autres industries, que l'affluence annuelle des
étrangers rend beaucoup plus lucratives. Les flots
sont là qui ne les tentent plus depuis que la mer s'est
montrée plus avare ; et sous le rapport maritime, le
bilan de Biarritz est pauvre et n'a guère d'analogie
avec son passé. Peu de marins, moins de pêcheurs

encore, voilà son état de situation qui est assez maigre, comme vous voyez.

Ce n'est plus l'époque où les pêcheurs de Biarritz découvraient les premiers, au moyen de leur flair marin, et enseignaient aux ports du voisinage la position des meilleurs *cans* du large (lieux de pêche où le poisson abonde), riches réservoirs où leurs successeurs ne peuvent plus puiser.

Mais les Biarrots ne regrettent pas trop ce temps-là. Ne le regrettons donc pas pour eux.

10

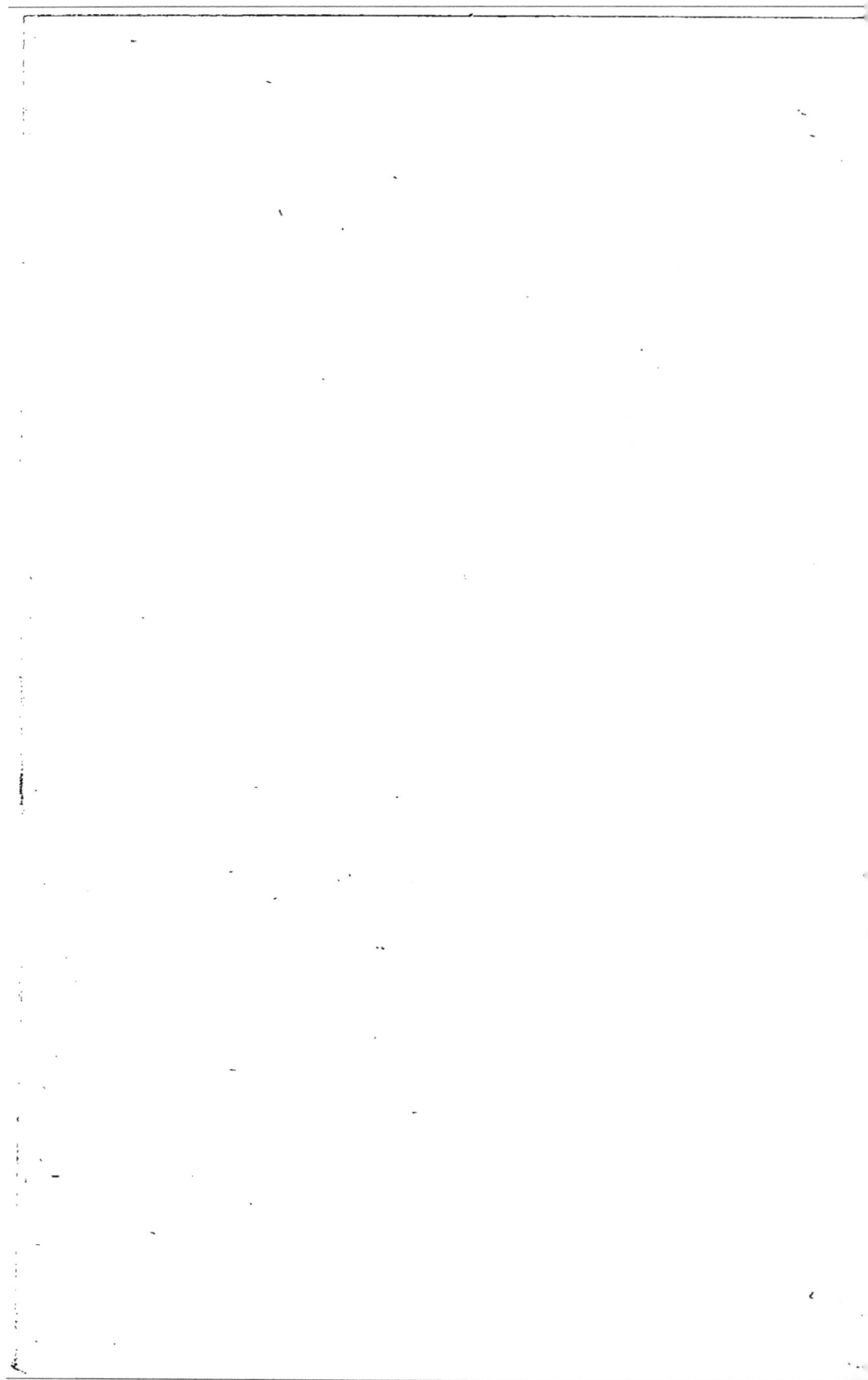

CHAPITRE XV.

—※—

———◈———

Quoique l'on ait dit parfois le contraire, les distractions ne manquent pas à Biarritz. Courses en voiture,
à cheval, à âne, promenades sur mer, excursions
aux alentours, voilà déjà bien des moyens de se dis-
traire, et certes ils ne sont pas tous là.

Les buts de promenade les plus variés et les plus
pittoresques se trouvent à portée de Biarritz. De ce
côté, Guéthary, Saint-Jean-de-Luz, Ciboure, nous
offrent leurs riants aspects et leurs types inimitables.
Un peu plus loin, c'est Béhobie, le village frontière.
Vous voilà en Espagne. Irun et Fontarabie, les deux
premières villes espagnoles, sont là tout près de
vous, se donnant presque la main et sollicitant l'honneur d'une visite. Ne refusez pas; car, si la première
n'a pas un cachet bien prononcé de terroir, en re-

vanche, en parcourant Fontarabie vous vous croirez transporté au cœur de l'Espagne.

Partis de Biarritz le matin, vous serez de retour le soir. Avouez qu'il n'est guère facile de visiter en moins de temps deux royaumes.

D'un autre côté, c'est Cambo, charmante station thermale sur le premier plan des Pyrénées; le Pas-de-Roland, avec ses grandes horreurs et son rocher légendaire; Hasparren, gros bourg du pays de Labourd dont le marché considérable, qui attire tous les quinze jours des flots de population, présente aux amateurs une peinture parfaite des mœurs et des allures du peuple Basque; Briscous et ses grands établissements salins. Et tant d'autres lieux encore.

Evidemment on ne peut pas aller partout, mais on choisit, et tous les goûts sont satisfaits.

Il est néanmoins non loin de Biarritz un lieu qui a le privilége d'attirer chaque année la foule des excursionnistes; et bien peu, parmi eux, quittent nos plages sans avoir fait la visite d'usage au couvent de Notre-Dame-du-Refuge d'Anglet.

Comme eux, prenons aujourd'hui notre bâton de promeneur et faisons le même pélerinage. La distance à parcourir n'est pas longue. Quatre kilomètres à peine nous séparent de la pieuse retraite, à l'entrée de laquelle le chemin de la Barre nous conduira à travers les plus douces perspectives.

Au delà du phare, nous entrons sur le territoire d'Anglet, grand village d'environ 3,400 âmes. Sur notre gauche, une plage splendide, qui était abandonnée depuis longtemps malgré la paisible magnificence de ses eaux, a commencé enfin à attirer quelques baigneurs que la tranquillité du lieu et les faciles exigences de la vie à bon marché qu'on peut s'y faire, éloignent des centres dorés et populeux. Quelques maisons blanches s'élèvent déjà sur la falaise; c'est le rudiment d'un beau quartier à naître, et qui, je l'espère, naîtra.

Nous avons traversé les *Cinq-Cantons*, nous voici à Notre-Dame.

Pénétrons dans cette vaste enceinte où règnent en souveraines la prière et le travail; tout en parcourant les nombreuses dépendances du pieux domaine, je vous raconterai l'histoire de sa fondation. Peu d'histoires ressemblent à celle-là.

Cette œuvre, si complète aujourd'hui, si multiple dans son mécanisme intérieur, n'existait pas encore il y a peu d'années. Son organisation actuelle n'est pas le résultat d'un plan général prévu et arrêté d'avance dans la pensée du fondateur. Les circonstances ont successivement inspiré celui-ci, et son œuvre, toute modeste dans ses débuts, a acquis maintenant des proportions qui font l'étonnement et l'admiration de tous.

Il y a une vingtaine d'années environ, un jeune prêtre, plein de zèle et de foi, M. l'abbé Cestac, était vicaire de la cathédrale de Bayonne. L'œil et l'oreille toujours tendus vers toutes les misères et toutes les douleurs, il ne tarda pas à prendre en pitié le sort de tant de pauvres petites filles qui, privées dès leur bas âge des auteurs de leurs jours, végétaient dans l'abandon et la misère, pour tomber sans doute plus tard dans l'abjection.

Certes, il y avait là beaucoup de bien à faire, et le bon prêtre n'eut pas de repos qu'il n'eût recueilli quelques-unes de ces pauvres enfants dans une vieille maison inhabitée qui s'élevait tout auprès du cimetière. L'œuvre des *Orphelines* était fondée.

D'autres infortunes sollicitaient aussi depuis long-temps le cœur de l'homme de Dieu. Il gémissait amè-rement sur le sort de tant de malheureuses créatu-res qui, déflorées par le vice et descendues jusqu'au dernier échelon du mal, sentaient peut-être au dedans d'elles-mêmes ce ver qui ronge et qu'on nomme honte et remords, et éprouvaient un besoin impé-rieux de se réhabiliter par le repentir qui purifie. L'œuvre était difficile, il ne se découragea pas; et bientôt quelques-unes de ces âmes flétries vinrent à lui avec empressement, et il leur donna le seul asile dont il pouvait disposer dans les combles de la mai-son des Orphelines.

Au début, les angoisses, les amertumes n'avaient pas manqué à M. l'abbé Cestac. De tous côtés on rail-lait une entreprise dont les résultats, disait-on, devaient être complétement nuls. Mais les moqueries et les persiflages s'émoussèrent sur cette âme vaillante qui conçut bientôt de nouveaux et plus vastes projets.

M. Cestac comprit que, pour mieux retenir dans le bien les pauvres âmes qu'il avait retirées de si bas, il était nécessaire de les associer à la vie large, pure, abondante du grand air et du grand soleil, et de subs-tituer au travail sédentaire et monotone de l'intérieur le travail animé et vivifiant du dehors. Les fonds lui manquent, il ne se rebute point; et comptant sur la Providence, il acquiert à Anglet, non loin des dunes sablonneuses qui avoisinent la mer, un domaine ou il transplante la nouvelle colonie.

Mais le fondateur voyait bien que ce n'était pas là une œuvre complète encore. Il sentait qu'à côté de ces cœurs renouvelés, il fallait des âmes pures et amies, qui, par l'affection et l'exemple, les affermissent dans la voie du devoir et les attachassent pour toujours à la vie purifiante et active de la prière et du travail. La création d'une congrégation spéciale, celle des *Servantes de Marie*, fut aussitôt résolue dans son esprit.

Maintenant les pauvres Repenties auront à côté d'elles d'humbles et saintes femmes qui, consacrées à Dieu par les vœux de religion, dévoueront leur vie entière à élever toujours plus haut ces âmes si bas descendues, qui partageront leur vie, leurs travaux, leurs prières, qui les aimeront comme des sœurs, et jetteront le voile de la miséricorde et de l'oubli sur une dégradation expiée par tant de repentir.

Peu à peu un revirement complet se fait dans l'opinion publique, et l'on comprend enfin la féconde puissance de l'œuvre. La charité se remue, les sympathies accourent, et bientôt le domaine s'étend, les sables voisins se fécondent. Les bras ne manquent pas au travail, car de tous côtés les postulantes viennent frapper à la porte de la nouvelle congrégation religieuse, tandis que chaque jour de nombreuses dévoyées, amenées par les remords, affluent vers le saint asile et demandent une place parmi les enfants de la pénitence.

Je n'en finirais pas si je n'abrégeais mon récit.

Les combles de la maison des Orphelines de Bayonne avaient reçu dans l'origine quatorze Repenties; leur nombre s'élève aujourd'hui à deux cents peut-être.

La congrégation des Servantes de Marie, florissante comme le sont peu de congrégations, compte ses enfants par centaines, et sous l'intelligente inspiration du fondateur, a étendu son rayon d'action bien au delà des limites originelles.

Ce sont les Servantes de Marie qui ont à Bayonne la direction de la maison des Orphelines, dont l'extension considérable a permis de réaliser un bien immense. Elles encore qui surveillent à la maison-mère d'Anglet le pensionnat et l'ouvroir créés depuis par M. l'abbé Cestac dans le but de sauvegarder l'avenir moral des jeunes ouvrières, et où s'élaborent les travaux les plus délicats, les plus fines broderies, des tours de force en couture que ne désavoueraient pas les plus somptueuses maisons de lingerie parisiennes. De grands noms, de très-nobles dames figurent aujourd'hui parmi les clients de Notre-Dame-du-Refuge ; je ne citerai qu'un de ces noms, celui de Mme la comtesse de Montijo, mère de S. M. l'Impératrice Eugénie.

Vous croyez que c'est tout peut-être. Appelées de toutes parts, les Servantes de Marie dirigent à cette heure plus de cinquante maisons répandues au loin, et qui contiennent des écoles gratuites, des ouvroirs et des pensionnats. Le fondateur a eu l'œil à tout, il a suffi à tout. Le petit arbrisseau est devenu aujourd'hui un grand arbre, abritant sous ses vastes rameaux de riches et nombreux rejetons.

Jusqu'à présent, nous avons parcouru un à un vous et moi tous les rayons de cette ruche industrieuse, fécondée sous l'œil de Dieu par la prière et le travail, et dont l'esprit peut se résumer dans ces deux mots : Solitude dans le mouvement, recueillement dans l'action.

Mais Notre-Dame-du-Refuge a encore des solitudes plus profondes, et nous trouverons dans son sein les recueillements érémitiques de la Thébaïde et du désert. Suivons cette allée de peupliers qui se dirige vers la mer ; après un petit quart-d'heure de marche, un spectacle étrange va se dévoiler à nos regards.

La scène a totalement changé. Au loin devant nous, les dunes élèvent leurs crètes sablonneuses, et le murmure des flots arrive à mon oreille. Du reste, partout c'est un solennel silence, c'est la solitude du désert. Avançons encore. Quel est ce gracieux tableau qui se déroule tout à coup devant moi ! Je vois une fraîche oasis assise au milieu des sables brûlants ; la vie du sol règne ici exubérante au sein d'une nature morte, et la culture y a produit de véritables phénomènes végétaux. Tout ceci vous étonne et vous voulez savoir le mot de l'énigme. L'énigme, c'est encore une histoire ; la voici en deux mots.

Un jour (il y a plusieurs années de cela), des passants entendirent des cris déchirants s'élever du milieu de cette solitude où nous nous trouvons à cette heure. Ils se dirigèrent aussitôt vers le lieu d'où ils partaient, et entrèrent bientôt dans une misérable hutte, perdue dans les sables, où un vieillard nommé Robert, qui habitait seul depuis longtemps ces lieux désolés, se tordait en ce moment sur sa couche dans les accès de la plus violente douleur. On courut bientôt au Refuge pour y réclamer les secours nécessaires, et quelques repenties furent envoyées vers le malade pour lui prodiguer les soins qui lui faisaient complétement défaut dans son isolement. Mais la maladie du vieux Robert menaçait d'être longue egrave. Afin de compléter l'œuvre de charité, on le transporte au Refuge où il reçoit durant sa maladie les témoignages de la plus touchante sollicitude. Bien plus, le petit enclos que le vieillard cultivait à l'entour de sa hutte et d'où il avait tiré jusqu'alors les produits nécessaires à sa pauvre existence, fut cultivé à sa place par les charitables femmes; et à la saison nouvelle, elles lui apportèrent au Refuge quelques échantillons des fruits et des légumes de son domaine. Le vieillard resta au Refuge jusqu'à sa mort qui ne tarda pas à venir. Au moment de rendre son âme à Dieu, le moribond, dont l'humble enclos et la pauvre habitation constituaient toute la richesse ici-bas, légua l'un et l'autre à la maison de Notre-Dame-du-Refuge en témoignage de reconnaissance.

Pendant que les charitables Repenties cultivaient l'enclos du vieux Robert, la solitude avait parlé à leur âme. Le calme profond de ces lieux qu'aucun pied humain ne foulait jamais, l'aspect du ciel si pur et si aimé, la voix des brises harmonieuses qui couraient sur la bruyère apportant à leur oreille le grondement lointain de la grande mer, tout cela avait encore élevé davantage leur cœur au-dessus des sphères mortelles; et elles se mirent à rêver une vie nouvelle qui pût les rapprocher de plus près du Ciel et de Dieu, par l'isolement et le silence perpétuel.

Le sage directeur combattit longtemps ces désirs dont il voulait éprouver la nature et affermir les élans par une temporisation prudente; quand il crut y entrevoir la marque d'une vocation sérieuse, il autorisa les postulantes à habiter la solitude qu'elles s'étaient choisie, mais sans admettre encore ces âmes dévouées aux vœux définitifs par lesquels elles voulaient s'engager. L'épreuve fut longue, et quand elle fut achevée, Notre-Dame-du-Refuge compta dans son sein un rameau béni de plus, les *Bernardines*. De pauvres cellules de paille s'étaient alignées sur l'emplacement de l'antique maisonnette ; une chapelle de paille aussi, et dont le sable fin formait l'humble et touchant pavé, s'éleva auprès des cellules, et bientôt le désert fut renouvelé au loin par la nouvelle communauté. Quelques années plus tard, des cellules de pierre vinrent remplacer leurs froides et humides devancières, et la chapelle elle-même, entrant dans les plans de restauration générale, fut reconstruite avec de plus solides matériaux.

Le travail de ces saintes femmes a réalisé des prodiges d'horticulture au milieu du désert; et elles forment aujourd'hui une congrégation nombreuse qui vit, prie et travaille dans ces lieux sanctifiés qui sont à la fois si près et si loin de nous.

Le village d'Anglet se termine du côté de la mer par une lisière de dunes dont la désolante stérilité attristait naguère encore les regards. L'Empereur, dont le coup d'œil assuré et l'inépuisable munificence laissent partout où il porte ses pas de si fortes empreintes, résolut de renouveler ce sol désolé comme il avait déjà renouvelé celui des Landes, et de rendre à la vie forestière les sables arides du bord de la mer. Aujourd'hui ces vastes espaces sont couverts de jeunes plants de pins sur toute leur étendue; et dans quelques années leur rendement résineux, uni à celui des pignadars déjà existants sur le territoire de la commune, sera pour celle-ci la source d'incalculables richesses.

Anglet est plus qu'un grand village, c'est un beau

village, Ses maisons blanches, ses riants cottages,
ses bosquets touffus, ses prairies verdoyantes, ses
fleurs et ses eaux, forment à l'œil un tableau ravissant qui commence à quelques pas du rivage de la
mer pour se prolonger durant une douzaine de kilomètres. On y trouve à la fois, on y embrasse, pour
ainsi dire, du même regard, les grandes solitudes
des plages de l'Océan et les gracieuses agitations de
la vie champêtre ; on y entend à la même heure la
voix imposante des grandes eaux et les frais gazouil-
lements d'une riche nature, toute épanouie dans
sa verdure et dans ses fleurs.

Suivons quelques instants les bords de la mer. Au
milieu du vert feuillage des pins, plusieurs constructions bizarres s'élèvent devant nous. Ces construction n'en forment qu'une, le *Lazaret*. Rassurez-vous,
et ne vous laissez aller, à ce mot-là, à aucune idée
lugubre ; il y a longtemps que le Lazaret de Bayonne
n'est plus qu'un nom. Construit il y a une quarantaine
d'années environ, alors que la fièvre jaune sévissait
en Espagne, le Lazaret fut placé à l'entrée du port
comme une sentinelle sanitaire avancée, pour surveiller de dangereux arrivages. Les dispositions de l'édifice sont parfaitement appropriées à sa destination
originelle. La séparation des malades atteints de l'épidémie était réalisée par l'isolement des constructions, qui s'élèvent à une certaine distance l'une de
l'autre. Au centre paraît un bâtiment plus élevé que
ses voisins ; c'était la chapelle de l'établissement. Un
belvédère dont les quatre faces sont formées d'un vi-
trage sans volets, enfermait l'autel, et c'est là
qu'étaient célébrés les saints mystères à la vue de
tous les malades qui, de leur lit, pouvaient suivre les

cérémonies saintes et recevoir les bénédictions qui
consolent. Le Lazaret a son cimetière ; on y voit quelques tombes sous lesquelles reposent quelques victimes de l'épidémie. Paix à elles !

Depuis longtemps inutile et abandonné, le Lazaret,
grâce à l'initiative préfectorale du département, va
recevoir bientôt une destination d'une opportunité
parfaite. Il doit être converti en dépôt de mendicité.

Quelques pas encore, et nous nous trouvons en présence de la *Barre* de Bayonne, où des travaux considérables s'exécutent à cette heure pour améliorer
l'entrée du port. Deux jetées à claire-voie, qui seront
prolongées à 200 mètres environ au delà de la Barre
jusqu'aux bas-fonds où les sables doivent être rejetés,
sont déjà en bonne voie d'exécution, et par les résultats obtenus répondent des résultats à obtenir.

La route court quelques instants ensuite à travers
les pignadars, et débouche aux Allées-Marines, d'où
nous gagnerions bientôt Bayonne, si nous avions en
ce moment quelque chose à y faire.

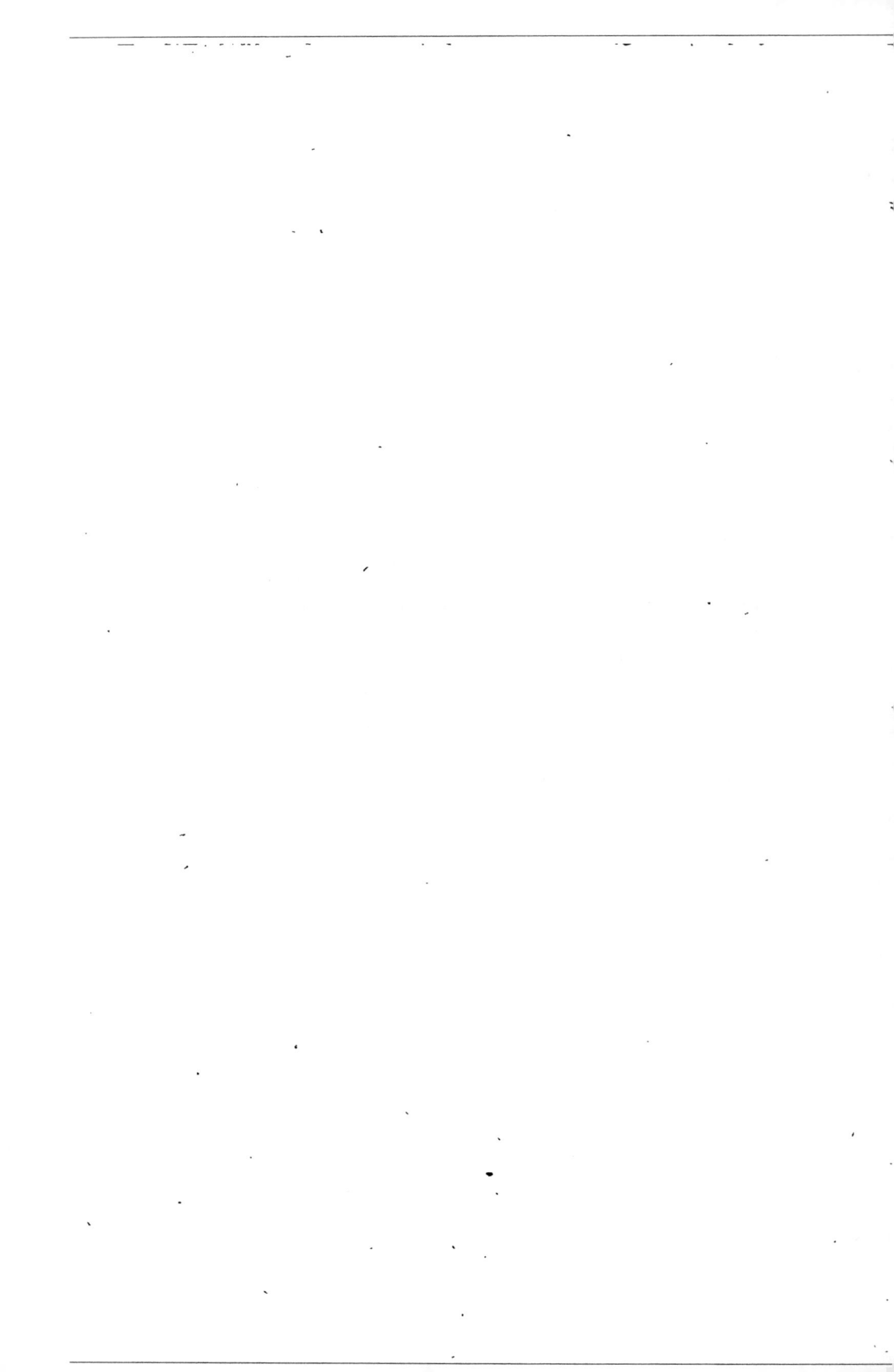

CHAPITRE XVI.

———◆◇◆———

Le petit été de Saint-Martin à Biarritz. — Physionomie du
village à la fin de la saison. — Tourbières et tourbe. —
Récolte du varech. — Biographie. — Accusations et répli-
ques.

———◆◇◆———

Biarritz possède un privilége dont jouissent bien
peu d'autres localités balnéatoires. Tandis que, dans
une foule de résidences thermales, le mois d'octobre
amène la pluie et les froids, chasse les baigneurs et
clot impoliment la saison, on dirait qu'il a réservé
toutes ses faveurs et toutes ses prévenances pour nos
contrées heureuses, en faveur desquelles il prodigue
habituellement jusqu'à la mi-novembre les brises les
plus tièdes et les plus caressantes. Le retour périodi-
que des vents chauds du sud, qui soufflent chaque
année à cette époque sur nos plaines, a donné naissance au nom significatif sous lequel on désigne dans
le pays cette période de chaleurs et de beau temps,
le petit été de Saint-Martin.

En attendant qu'on organise à Biarritz une station
d'hiver, et cela viendra, bien sûr, au point où en sont
les choses, l'hiver est ici plus qu'ailleurs triste et
morne. Biarritz hier si brillant et si tapageur, aujourd'hui si pâle et si désert ! la transition est aussi

par trop brusque, et je conçois pour ma part les tristesses qui pleurent la fin de chaque saison d'été.

Alors c'est le moment où les baigneurs, les logeurs, les industriels en tous genres commencent un peu à se reconnaître et à se rendre enfin compte des petits bénéfices réalisés pendant cette période de trois mois, si vite écoulée pour eux. Alors on aligne les chiffres, on examine les résultats, et l'on fait la grimace, un peu par habitude, un peu parce que l'on comptait sur mieux encore.

Puisque la saison est terminée, et qu'il faudra nous séparer bientôt, laissez-moi me hâter de glaner encore pour vous quelques détails dans les habitudes locales, afin que je vous aie tout dit lorsque viendra le moment de nos adieux.

Tout le monde n'est pas riche à Biarritz et n'a pas d'industrie à faire valoir. Bien des familles y vivent au jour le jour, ne recueillant du travail de leurs mains que des résultats précaires, et sans avances pour les jours mauvais. Pour ces familles surtout l'année serait longue et rude si, aux petits frais de chaque jour, devait s'ajouter pour elles l'achat du bois de chauffage, dont le prix est inabordable pour leurs bourses étiques. Mais la nature a pris soin de créer ici auprès des ménages pauvres un combustible précieux pour l'alimentation des foyers.

Biarritz possède en effet, dans la partie de son territoire qui avoisine la route d'Espagne, deux tourbières assez importantes dont le rendement, s'il n'est pas un objet de revenus pour le village, constitue du moins une ressource pratique de la plus sérieuse utilité pour un bon nombre de ses habitants.

Les familles qui désirent être comprises dans la répartition qui a lieu chaque année, doivent se faire préalablement inscrire sur les registres de la Mairie. Quand l'époque de la coupe de la tourbe est arrivée, l'administration municipale, sous la direction de laquelle s'opère le partage du combustible, divise les familles inscrites par bandes et les monceaux de tourbe par lots correspondants. Le Maire procède ensuite au tirage au sort des lots entre les ménages, et le partage s'effectue dans le plus grand ordre sous la surveillance de l'autorité.

Ne trouvez-vous pas quelque chose de charmant dans cet antique et fraternel usage ?

A l'époque des orages, on voit souvent le rivage et les rochers du bord disparaître en quelque sorte sous l'épaisse couche d'herbes marines que les vagues ont apportées. Désignés dans le pays sous le nom générique de varech, ces amas de plantes sont soigneusement réunis en tas par les habitants et transportés ensuite par eux sur les terrains labourables. Le varech, disent-ils, forme un excellent engrais.

Biarritz a donné le jour à plusieurs marins de distinction dont il s'honore à bon droit. Parmi eux, nous citerons le contre-amiral Dalbarade, ministre de la marine, et son cousin, le capitaine de vaisseau Dalbarade. Nous nommerons encore le capitaine de vaisseau Duler qui, après avoir fait ses premières armes sous M. Latouche-Tréville, mourut commandant du port de Rochefort.

Bien d'autres noms pourraient être ajoutés à ceux-là. Ils sont religieusement conservés au sein des familles. Et il n'y a que peu d'années encore, nous voyions s'éteindre à Biarritz un de ces valeureux en-

11

fants du village, M. Jean-Baptiste Silhouette qui, parti simple mousse de la maison natale, était revenu au pays avec les grosses épaulettes de capitaine de vaisseau et les croix de Saint-Louis et de la Légion d'Honneur pour y couler paisiblement sous le toit paternel les longues années d'une vieillesse heureuse et honorée.

Je n'ai jamais aimé que l'on dit du mal de mes amis, et je les défends toujours de mon mieux quand on les attaque. Aussi vais-je défendre en ce moment Biarritz contre quelques imputations absurdes qu'on a formulées contre lui, et dont je rirais tout le premier, tant elles sont pitoyables, si elles s'adressaient à tout autre.

Croiriez-vous qu'il y a des hommes, qui vivent de nos jours pourtant, des hommes munis comme nous d'une paire d'yeux et d'une paire d'oreilles, et qui débitent sérieusement des paroles comme celles-ci : « Biarritz a beau faire ; sa prospérité ne grandira plus ! Il a parcouru son âge d'or et atteint la limite extrême de ses espérances ; de l'âge d'or il ne fera plus que dégringoler à l'avenir par les âges inférieurs ! etc., etc. » Et ainsi à l'avenant, et avec assurance encore.

Nouvelles Colonnes d'Hercule placées par ces gens-là en face d'un avenir dans lequel ils ne savent pas lire, de même que les anciens avaient placé les premières en face du grand Océan qui recélait des mondes et des richesses invisibles à leurs yeux.

Pour moi, je demeure vraiment confondu devant la persistance de certains hommes à ne regarder que d'une manière, à n'écouter que le son qui leur convient. Et tout en déplorant un aveuglement qui m'a bien l'air d'être incurable, je me rassure complétement sur l'avenir de ce beau pays que la nature, sans doute, n'a pas favorisé de ses plus riants priviléges pour l'en deshériter sitôt.

Et quand je songe à la prédilection des souverains pour le gracieux village; quand j'interroge du regard cette fourmilière vivante qu'on nomme Biarritz et dont les habitants ne se comptent plus; alors il devient pour moi visible à l'œil nu que Biarritz, loin de s'être arrêté encore dans son mouvement ascensionnel, loin d'être sur la limite qui sépare la prospérité de la dégringolade, monte, monte toujours à pas rapides, heureux du présent et confiant dans l'avenir.

Il est vrai que les hommes dont je parle, et qui, par calcul ou préoccupation, pronostiquent ainsi le mauvais temps au milieu des flots de rayons du soleil, ont de graves motifs pour justifier leurs prédictions, et se fondent pour annoncer la prochaine décadence de Biarritz sur des raisons sérieuses ou exactes comme celles-ci par exemple :

« On a exagéré de beaucoup les agréments que
« la nature a faits à Biarritz; et certes Biarritz n'est
« pas plus beau que tel lieu ou tel autre; on com-
« mence à le reconnaître. »

Est-ce une plaisanterie, comme cela en a tout l'air? A la bonne heure. Mais si c'est sans rire qu'on dit cela, oh! alors.... alors, si celui qui parle ainsi a vu Biarritz, je le plains de toute mon âme; et s'il ne l'a pas vu, eh bien! je le plains encore. Déjà, par ce que je vous ai dit jusqu'à cette heure, vous pouvez apprécier la valeur de l'assertion. Pauvre village déshérité, n'est-ce pas, que celui qui ne possède qu'une collection choisie de plages dont une seule

suffirait à faire la fortune d'une localité maritime! qui
n'a pour tout horizon, d'un côté, que l'immensité du
ciel et de la mer, de l'autre, que la chaîne gracieuse
des Pyrénées françaises et des Pyrénées espagnoles
qui se donnent la main pour faire au tableau un encadrement plus complet! qui a des sables de velours
pour les pieds délicats des baigneurs, et tout à côté,
des champs et des prairies pour les yeux du promeneur! dont la situation élevée change à chaque instant
de perspectives toujours plus belles, et domine au loin
l'horizon, au lieu d'être dominé par lui!

N'est-ce pas que ce pauvre village est bien malheureux, bien disgracié, et bien à plaindre!

N'est-ce pas qu'on doit estimer bien heureux tout
ce qui a le bonheur de ne lui ressembler pas!

Mais à ceux qui pensent de la sorte, est-ce qu'il ne
suffira pas de dire : « Voyez-vous cette élégante habitation, ce gracieux château assis là-bas sur le rocher!
On le nomme *Villa Eugénie*. Comprenez-vous maintenant!... et croyez-vous que celui qui a voulu que
ce lieu de ses rares délassements fût situé là, n'est
pas assez bon juge dans la matière, et n'a pas reconnu
quelque mérite au ciel de Biarritz? »

Voici un autre reproche qu'on adresse à Biarritz.
Celui-ci est plus sérieux, parce qu'il touche à des intérêts majeurs :

« A Biarritz il fait cher vivre, et les gens du lieu
« écorchent à plaisir le monde dont ils ont si grand
« besoin. »

A ceux qui parlent ainsi, je réponds :

Vraiment, si quelqu'un se fait, à Biarritz, un jeu
de vous écorcher à merci; s'il abuse de vos besoins
pour vous rançonner sans miséricorde, celui-là je

vous le livre pieds et poings liés et je l'abandonne à
vos anathèmes. Mais, entre nous, n'est-il point vrai
qu'à Biarritz vous voudriez pouvoir chaque jour sa-
tisfaire vos mille petites fantaisies sans avoir à en
payer la façon?

Allez, à Biarritz on peut s'en tirer comme partout
ailleurs; et quiconque a fait son budget d'avance, et
scrupuleusement prévu les divers sacrifices qu'il veut,
faire au superflu, trouvera là bien des personnes qui
ne l'écorcheront point, bien des maisons particulières
où il pourra mesurer lui-même ses dépenses quoti-
diennes selon son bon plaisir, bien des hôtels où il
réglera à sa convenance le débours journalier. Il faut
supposer charitablement, n'est-ce pas, quelques grains
de bon sens à la population indigène; et croyez-vous
qu'elle ne sait pas fort bien qu'elle aurait tout à perdre si elle abusait des conditions heureuses de votre
bourse pour exiger de vous des bénéfices exagérés?
Mais.....

« A Biarritz il manque de l'ombrage; à Biarritz il
manque bien autre chose encore. »

Et vous ne trouvez pas que Biarritz a marché assez
vite depuis quelques années, et qu'il fait assez de pro-
grès chaque jour?

Biarritz manquait d'arbres, il y a peu de temps encore; aujourd'hui, sur la place du village, vous pouvez vous asseoir sous des ombrages d'une fort jolie
venue; et sur toutes les routes, le long de toutes les
promenades, des plantations, qui donnent de belles
espérances, vous prouvent que bientôt l'ombrage ne
sera pas chose rare à Biarritz. Et vous en verrez encore bien d'autres, allez; on se remue trop à Biarritz

pour que nous ayions à craindre qu'on s'arrête en si beau chemin.

Il n'y avait pas de Casino à Biarritz ; Biarritz a aujourd'hui son Casino. Pas d'établissements de bains ; Biarritz possède maintenant deux magnifiques modèles du genre. Et tant d'autres créations dont l'énumération serait trop longue, et qui n'existaient pas hier. Soyez donc raisonnables, s'il vous plaît, et ne regardez pas toujours de travers.

Je m'arrête. Aussi bien on n'a pas poussé plus loin les attaques, et pour vous comme pour moi il demeure parfaitement prouvé que Biarritz est une résidence privilégiée entre toutes par la nature, un établissement balnéatoire de premier ordre, dans lequel l'art parsème chaque jour ses plus ravissantes merveilles, un climat béni où l'on ne meurt guère que de vieillesse.

NOTE DE L'AUTEUR.

Avant que l'espace ne me manque tout à fait, j'ai à réparer un oubli qui date du chapitre précédent. L'étranger tient à connaître les noms des lieux qu'il parcourt ; et tout à l'heure, en parcourant avec vous la lisière maritime du village d'Anglet, j'ai oublié de vous dire que le nouveau quartier qui commence à s'asseoir sur la falaise et attire déjà les baigneurs, se nomme le quartier de la Chambre-d'Amour. Il tire son nom d'une petite grotte, plus ou moins légendaire, qui s'ouvre du côté de la mer dans la falaise voisine, et qui, après avoir été, à une autre époque, le but de maintes parties de plaisir pour les Bayonnais, est aujourd'hui à peu près abandonnée des promeneurs.

PRINCIPAUX HOTELS,
RESTAURANTS ET CAFÉS
DE BIARRITZ.

HOTELS

Dumont,
des Ambassadeurs,
des Princes,
de France,
d'Espagne,
d'Europe,
d'Angleterre.

RESTAURANTS

de l'Océan,
Lapandry,
Doyhamboure,
Gregori,
du Casino,
de la Paix,
Joseph.

CAFÉS

de Madrid,
Tucoulat,
de la Paix,
de la Grande-Terrasse.

TABLE DES MATIÈRES.

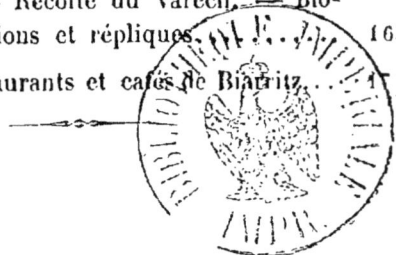

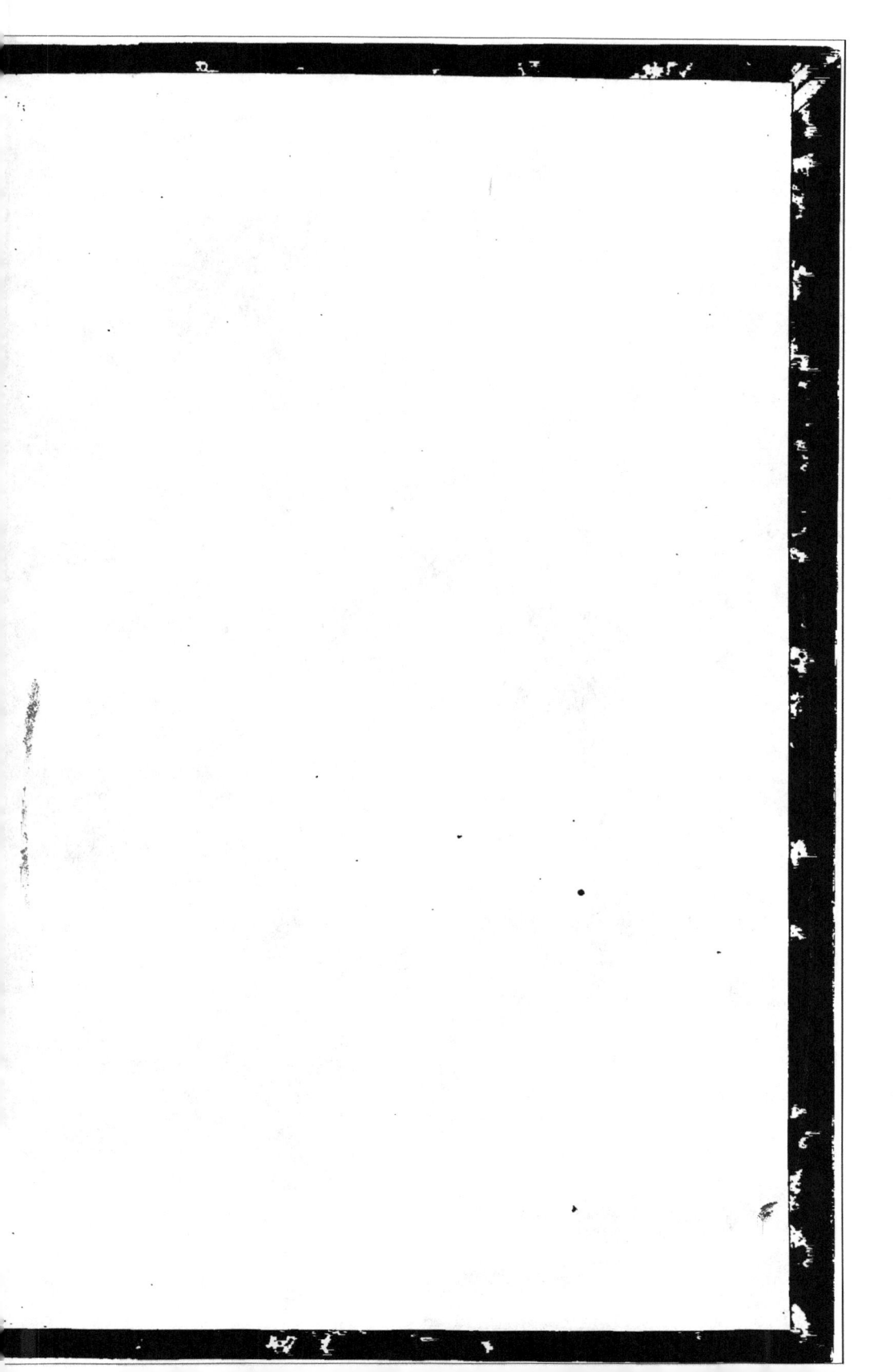

www.ingramcontent.com/pod-product-compliance
Lightning Source LLC
Chambersburg PA
CBHW072022080426
42733CB00010B/1793